Dorothee von Hellermann

Gerhard von Kügelgen (1772–1820)

Biografie aus zeitgenössischen Quellen

Sächsische Monografien
Band 3

DONATUS

Inhaltsverzeichnis

Zur Autorin

Dorothee von Hellermann studierte Kunstgeschichte, Archäologie und Volkskunde in Hamburg und München. Nach der Promotion 1970 über den Wessobrunner Stukkateur und Altarbaumeisters Thassilo Zöpf (1723–1807) war sie wissenschaftliche Mitarbeiterin am Museum der Stadt Regensburg. Danach arbeitete sie ab 1973 freiberuflich. Seit 1984 ist sie auf deutsch-baltische Künstler spezialisiert. Schwerpunkt ihrer Forschung sind Leben und Werk des Malers Gerhard von Kügelgen (1772–1820).

Bibliografische Information der Deutschen Nationalbibliothek:
Die Deutsche Nationalbibliothek verzeichnet diese Publikation in der Deutschen Nationalbibliografie; detaillierte bibliografische Daten sind im Internet über www.dnb.de abrufbar.

Impressum

Gestaltung: spitzenton.design
Titelbild: Gerhard von Kügelgen: *Selbstbildnis im grünen Frack*, nach 1807, Pastell © Grisebach GmbH, Foto: privat
Rücktitel: Gerhard von Kügelgen: *Augenminiatur mit dem Auge des Malers*, 1803, Miniatur auf Elfenbein © Privatbesitz
Verlag: Donatus-Verlag, Niederjahna
Druck: Libri Plureos GmbH, Friedensallee 273, 22763 Hamburg
ISBN: 978-3-946710-68-4

In Memoriam
Hans Schöner

Vorwort

Vier Jahre nach der Ermordung des Malers Gerhard von Kügelgen veröffentlichte der Dresdner Historiker Friedrich Christian August Hasse (1773–1848) eine Monographie des Malers, *Das Leben Gerhards von Kügelgen,* mit einem kurzen Überblick über das Leben seines Zwillingsbruders Carl. Sie war eine der frühesten Buchveröffentlichungen über einen Künstler und zeigt, welches Ansehen Kügelgen zu Lebzeiten genoss. Doch schon wenige Jahre nach seinem Tod schwand das Interesse an seinem Werk, weniger an seinen Porträts als an seinen Historienbildern. Da begann 1855 sein Sohn Wilhelm von Kügelgen (1802–1867) die *Jugenderinnerungen eines alten Mannes* zu schreiben, die 1870 nach dem Tod des Verfassers publiziert wurden. Sie waren für mehr als fünfzig Jahre eines der meist gelesenen Bücher des deutschen Bürgertums und bewirkten, dass sein Vater nicht wie andere Maler des frühen 19. Jahrhunderts in Vergessenheit geriet. Angeregt durch diesen Erfolg erschien seit 1900, ebenfalls in mehreren Auflagen das Buch *Marie Helene von Kügelgen geb. Zöge von Manteuffel. Ein Lebensbild in Briefen,* herausgegeben von Anna und Emma von Kügelgen, den Enkelinnen der Zwillingsbrüder Carl und Gerhard von Kügelgen. Sie stellten das Buch nicht nur aus Briefen der Titelgeberin zusammen, sondern auch aus Briefen Gerhards an seinen Bruder, die sie leider nicht nur kürzten, sondern auch nach der Veröffentlichung vernichteten. Da Gerhard bemüht gewesen war, seinen in Russland und im Baltikum lebenden Bruder über die Kunstströmungen in Dresden zu informieren, wären sie ungekürzt eine lebendige Quelle zur Dresdner Romantik geworden.

Danach erschienen mehrere Publikationen zu Gerhard und den weiteren Künstlern der Familie, 1904 Constantin von Kügelgen *Gerhard von Kügelgen als Porträt und Historienmaler* und 1924 Leo von Kügelgen *Gerhard von Kügelgen ein Malerleben um 1800.* Alle Verfasser waren Nachkommen der Malerzwillinge. 1982 veröffentlichte Hans Schöner *Gerhard von Kügelgen. Leben und Werk,* das die Grundlage für das 2001 erschienene Werkverzeichnis des Malers von Dorothee von Hellermann bildete. Seitdem sind mehrere darin noch als „verschollen“ bezeichnete oder bisher unbekannte Arbeiten des Künstlers wieder aufgetaucht.

Ich danke Romy Donath für die Anregung zu dieser kurzen Biografie, die den aktuellen Wissensstand festhält und in die ich nun diese Funde einschließen konnte.

Dorothee von Hellermann

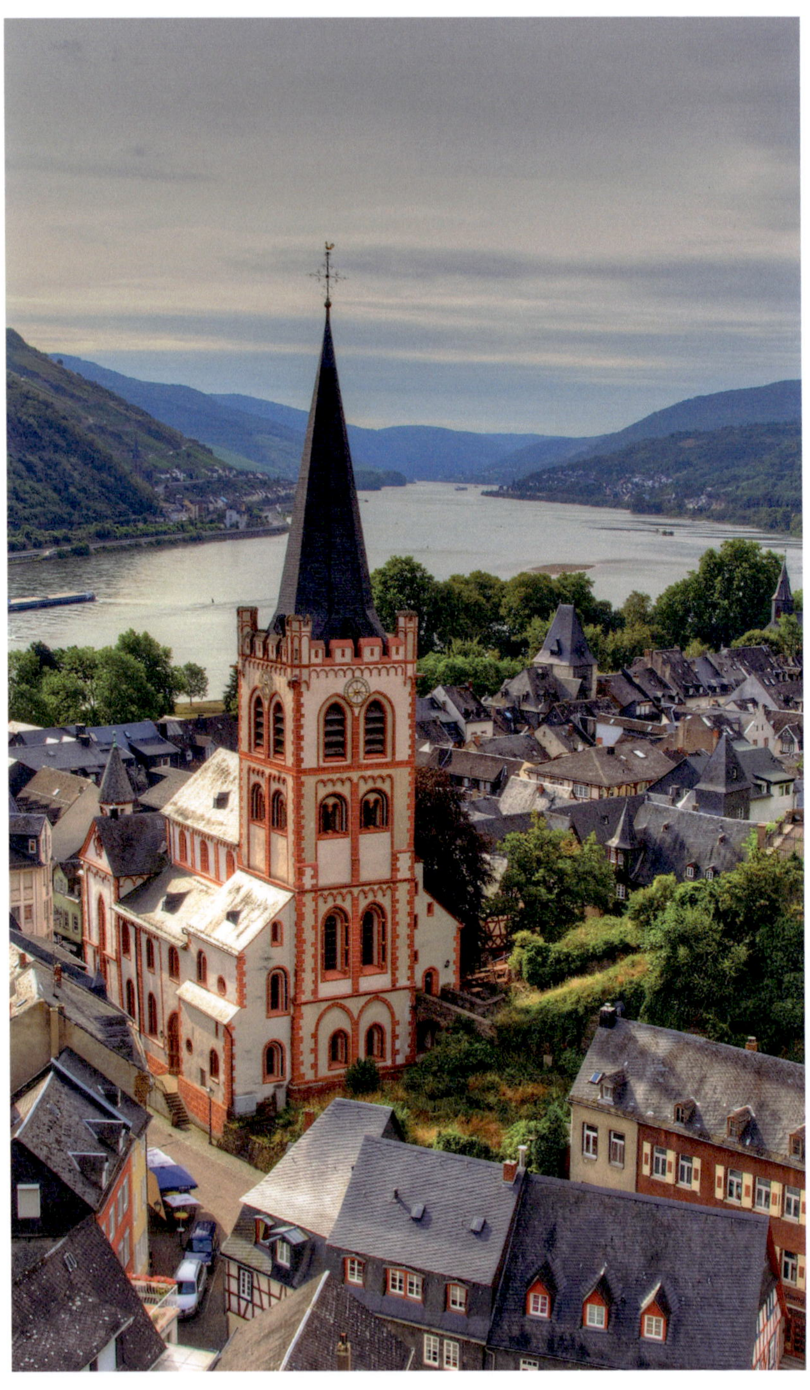

Abb. 1: Ansicht der Stadt Bacharach am Rhein, 2010
© Wikimedia, Foto: Jiuguang Wang

Die Familie Kügelgen

Die Zwillinge Franz Gerhard und Carl Ferdinand Kügelgen wurden am 6. Februar 1772 in Bacharach am Rhein als fünftes und sechstes von acht Kindern des Kurfürstlich Kölnischen Hofkammerrats Franz Anton Kügelgen (1727–1788) und seiner Ehefrau Maria Justina, geb. Hoegg (1744–1805), geboren. Ihre Vorfahren Kügelgen oder Kögelke, wie der Name bis zur Mitte des 17. Jahrhunderts lautete, waren im 14. Jahrhundert in Bremen und seit dem 16. Jahrhundert in Westfalen ansässig. Sie waren zunächst Handwerker, in Westfalen über mehrere Generationen Justitiare, d. h. sie hatten Ämter wie Richter, Rentmeister oder Steuereinnehmer inne.[1] Dass die Familie seit langem ein hohes Ansehen und gesichertes Einkommen hatte, bestätigen die Porträts seiner Urgroßeltern, die Gerhard 1804 in Rhens nach den Porträts in seiner Familie für sich kopierte [Abb. 2 und 3]. Die Originale wurden in einer Zeit gemalt, in der bürgerliche Bildnisse Standespersonen vorbehalten waren. Sie zeigen das Ehepaar kostbar gekleidet, Johann Ernst Kügelgen mit Allongeperücke, Samtrock und Spitzenkrawatte, Anna Maria Kügelgen im Samtkleid mit Spitzenbesatz, hochtoupiertem Haar und Perlenschmuck.

In dieser traditionsbewussten Familie nahmen die Zwillingsbrüder schon früh eine Sonderstellung ein. Sie waren eineiige Zwillinge, denn sogar die Mutter konnte die Säuglinge nur durch verschiedenfarbige Bänder auseinanderhalten. Ihr identisches Aussehen blieb auch später erhalten und zog solange sie zusammenlebten stets die besondere Aufmerksamkeit ihrer Umgebung auf sich.

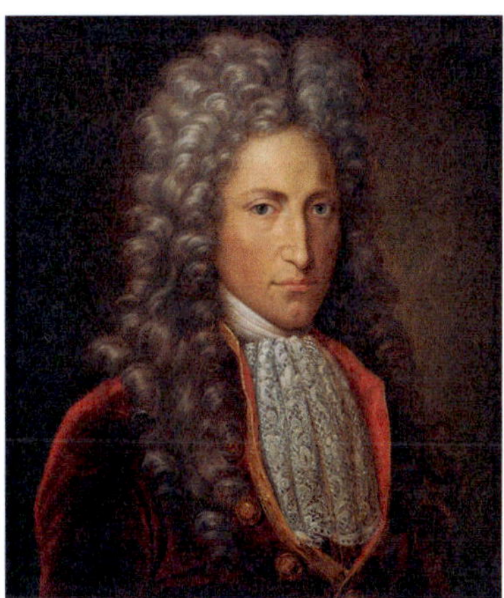

Abb. 2: Gerhard von Kügelgen: *Ernst Johann Kügelgen (1659–1713)*, Kopie in verkleinertem Format nach einem verschollenen Original in Rhens, 1804 © Privatbesitz

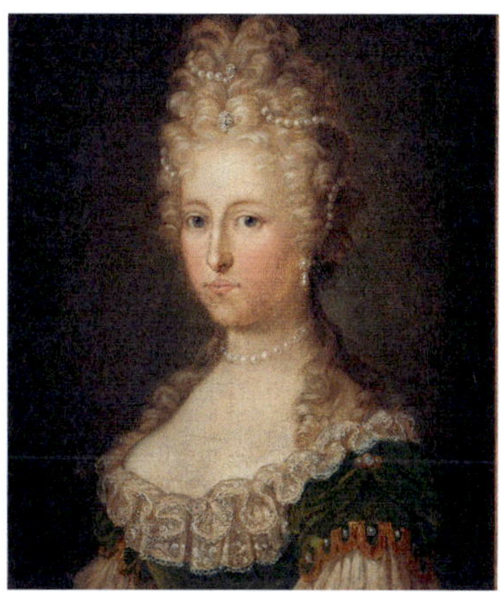

Abb. 3: Gerhard von Kügelgen: *Anna Maria Kügelgen, geborene Koenen (1671–1717)*, nach einem verschollenen Original in Rhens, 1804 © Privatbesitz

1 Donath, Matthias: *Zur Herkunft der Familie Kügelgen*, in: Lars-Arne Dannenberg, Matthias Donath und Dorothee von Kügelgen (Hrsg.): *Die Kügelgens*, Königsbrück 2023, S. 23.

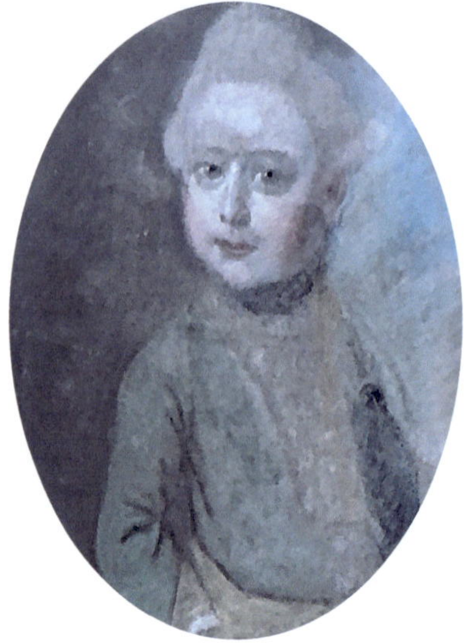

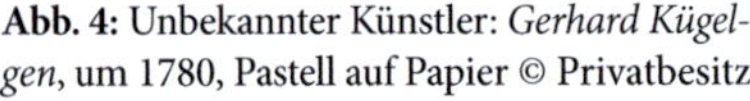

Abb. 4: Unbekannter Künstler: *Gerhard Kügelgen*, um 1780, Pastell auf Papier © Privatbesitz

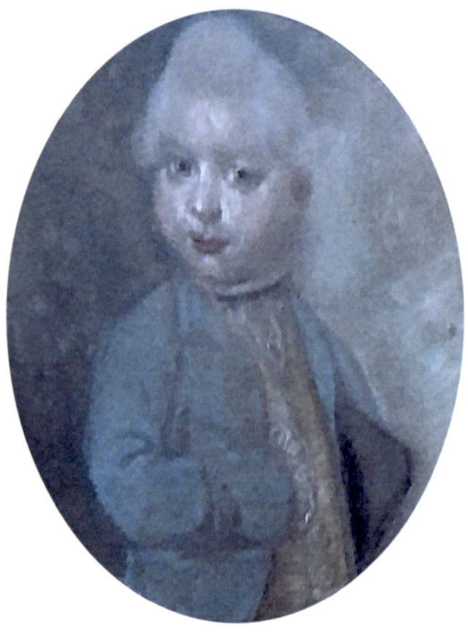

Abb. 5: Unbekannter Künstler: *Carl Kügelgen*, um 1780, Pastell auf Papier © Privatbesitz

Um 1780 hatten die Eltern alle ihre Kinder von einem unbekannten durchreisenden Pastellmaler porträtieren lassen [Abb. 4 und 5], dessen Können die Zwillingsbrüder so faszinierte, dass sie am liebsten mit dem Maler weitergewandert wären. Seitdem verbrachten sie ihre freie Zeit mit Zeichnen. Schon bald zeigte sich Gerhards besondere Begabung für Porträts und Carls Interesse an der Landschaftsmalerei.

Der Vater widersetzte sich ihrem Wunsch, Maler zu werden und verlangte, dass sie studieren sollten. Ab Herbst 1786 besuchten die Brüder das Gymnasium in Bonn und lernten dort die fast gleichaltrigen Söhne des 1777 tödlich verunglückten Hofrats Emanuel Josef von Breuning (1740–1777) kennen und gehörten mit Ludwig van Beethoven zu dem Kreis junger Menschen, die fast täglich im Haus der Mutter Helene von Breuning (1751–1838) verkehrten.

Ein zweiter Treffpunkt ihres Bonner Freundeskreises war der Zehrgarten, das Haus der Witwe Koch am Bonner Markt, in dem Menschen aller Altersgruppen und unterschiedlicher Herkunft zusammenkamen, um sich über neue künstlerische und literarische Ideen auszutauschen. Im Gegensatz zu ihrem Elternhaus erhielten die Zwillinge in diesen beiden Häusern Zuspruch für ihre künstlerischen Interessen.

Zu dieser Zeit muss sich Gerhard autodidaktisch, vielleicht auch mit Hilfe einer der in der zweiten Hälfte des 18. Jahrhunderts weit verbreiteten schriftlichen Anleitungen zur Miniaturmalerei, diese Technik beigebracht haben. 1789 malte er Miniaturporträts von Helene von Breuning und ihren Söhnen Christoph (1771–1814) und Stephan (1774–1827), die 1960 im Bonner Beethovenhaus bei einem Brandanschlag vernichtet wurden.

Ausbildung

1788 starb der Vater Franz Anton Kügelgen. Die Mutter gab nun dem Drängen Gerhards nach, die Schule zu verlassen und Unterricht bei einem Maler zu nehmen. Er wurde in Koblenz Schüler des Hofmalers Januarius Zick (1730–1797) [Abb. 6]. Sein Bruder Carl blieb zunächst in Bonn und schrieb sich 1789 zusammen mit Ludwig van Beethoven an der neu gegründeten Universität Bonn für das Fach Philosophie ein.

Gerhard erhielt bei Zick die klassische Ausbildung, die hauptsächlich im Kopieren unter Anleitung des Lehrers bestand [Abb. 7]. Zick soll von ihm so begeistert gewesen sein, dass er ihm viel Zeit widmete und ihm seine technischen Kniffe verriet. Vor allem vermittelte er Kügelgen den Wunsch, ein gelehrter Künstler, ein *peintre philosophe* zu sein, der seinen Schüler, wie wir sehen werden, nachhaltig prägte. Nach einem halben Jahr fühlte Gerhard sich technisch so sicher, dass er zu seinem Großvater Hoegg in Rhens zog und Zick nur von Zeit zu Zeit seine Arbeiten zur Beurteilung vorlegte. Diese erste Trennung war für die Zwillinge nicht leicht. Schließlich gelang es Carl, die Mutter zu bewegen, dass er sein Studium abbrechen und sich auch zum Maler ausbilden lassen konnte. Nach einem kurzen Aufenthalt in Frankfurt am Main in der Werkstatt des Landschaftsmalers Christian Georg Schütz d. Ä. (1720–1791) zog auch er nach Rhens, und die Brüder lebten nun wieder zusammen.

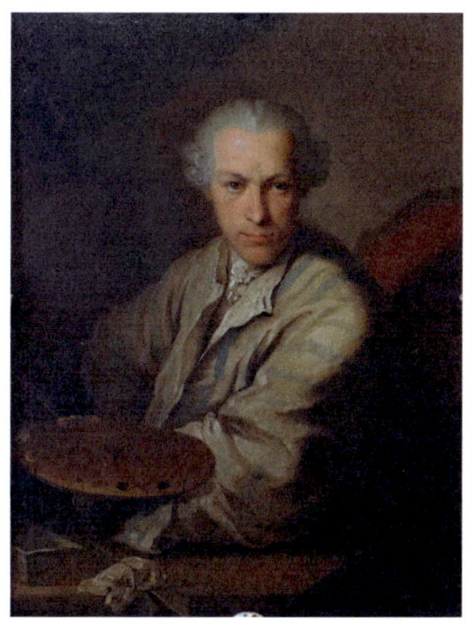

Abb: 6: Januarius Zick: *Selbstporträt*, 1757, Öl auf Leinwand © Wikimedia

1790 machten sie eine Kunstreise nach Mainz und lernten dort den Würzburger Porträt- und Historienmaler Christoph Fesel (1737–1805) kennen, der von den beiden jungen Malern – die ihm durch ihr identisches Aussehen aufgefallen waren – so begeistert war, dass er sie aufforderte, in Würzburg seine Schüler zu werden und sie gegen ein geringes Kostgeld in sein Haus aufnahm.

Christoph Fesel war nach der Lehre bei dem Würzburger Hofmaler Franz Ignaz Roth (1697–1757) von dem Fürstbischof Adam Friedrich von Seinsheim (1708–1779) nach Wien und Rom geschickt worden, wo er in der Werkstatt von Anton Raphael Mengs (1728–1779) gearbeitet hatte. Er veröffentlichte 1792 in Würzburg die Schrift *Mahler-Theorie oder kurzer Leitfaden zur historischen Malerei für Anfänger*, die auch zumindest Gerhard vertraut wurde. Sie entspricht der klassizistischen Auffassung, dass Kunst erlernbar sei und bestimmten Regeln entsprechen müsse.

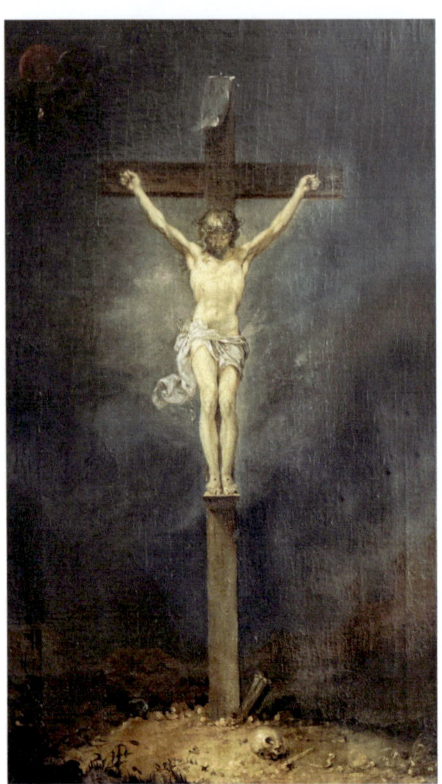

Abb. 7: Gerhard von Kügelgen: *Christus am Kreuz*, um 1790, Öl auf Holz, Kopie nach Januarius Zick
© Privatbesitz

Beide Maler, bei denen Gerhard kurze Zeit ausgebildet wurde, waren Hofmaler, d. h. sie waren von ihren Auftraggebern abhängig, die meist präzise wussten, was sie wollten.

Nach einem halben Jahr in der Werkstatt Fesels ermunterte dieser die Brüder, sich bei ihrem Landesherrn, dem Kurfürsten von Köln, Maximilian Franz Erzherzog von Österreich (1708–1779), mit Probearbeiten um ein Stipendium für einen Studienaufenthalt in Rom zu bewerben. Gerhard bewarb sich mit einem Selbstbildnis [Abb. 8]. Er sitzt auf einem Stuhl hinter einer Brüstung, auf der seine Arme liegen. Mit der linken Hand hält er dem Betrachter ein Blatt Papier entgegen, dessen Zeichnung heute nur noch schwach zu erkennen ist: ein geflügelter Genius mit Pinsel und Palette strebt zu einer auf Wolken sitzenden Minerva, wird aber von der Armut in Gestalt einer zerlumpten Bettlerin mit einer Kette zurückgehalten. Das Thema der Zeichnung und Gerhards bittender Gesichtsausdruck sollten auf den Zweck des Bildes hinweisen. Der breitkrempige Hut und die antikisierende Porträtbüste seines Bruders im Hintergrund sind weitere Hinweise auf den Wunsch nach einem Stipendium für Rom. Sie entsprechen den Attributen, mit denen sich die Besucher der Ewigen Stadt gerne porträtieren ließen. Carls Probestück, eine Ansicht der Stadt Würzburg, ist verschollen.

Auch beim Vorstellen ihrer Probestücke kam den Zwillingen wieder ihr identisches Aussehen zugute. Als der Kurfürst die beiden mit ihren Bildern vor sich sah, urteilte er: „*Ich verstehe zwar nichts von der Malerei; aber das sehe ich doch, dass ihr ein Paar ganze Kerle seyd.*“[2] Er bewilligte ihnen ein Jahresgehalt von zweihundert Dukaten auf drei Jahre für einen Studienaufenthalt in Rom.

2 Hasse, Friedrich Christian August: *Das Leben Gerhards von Kügelgen*, Leipzig 1824, S. 46 (im Folgenden abgekürzt: Hasse).

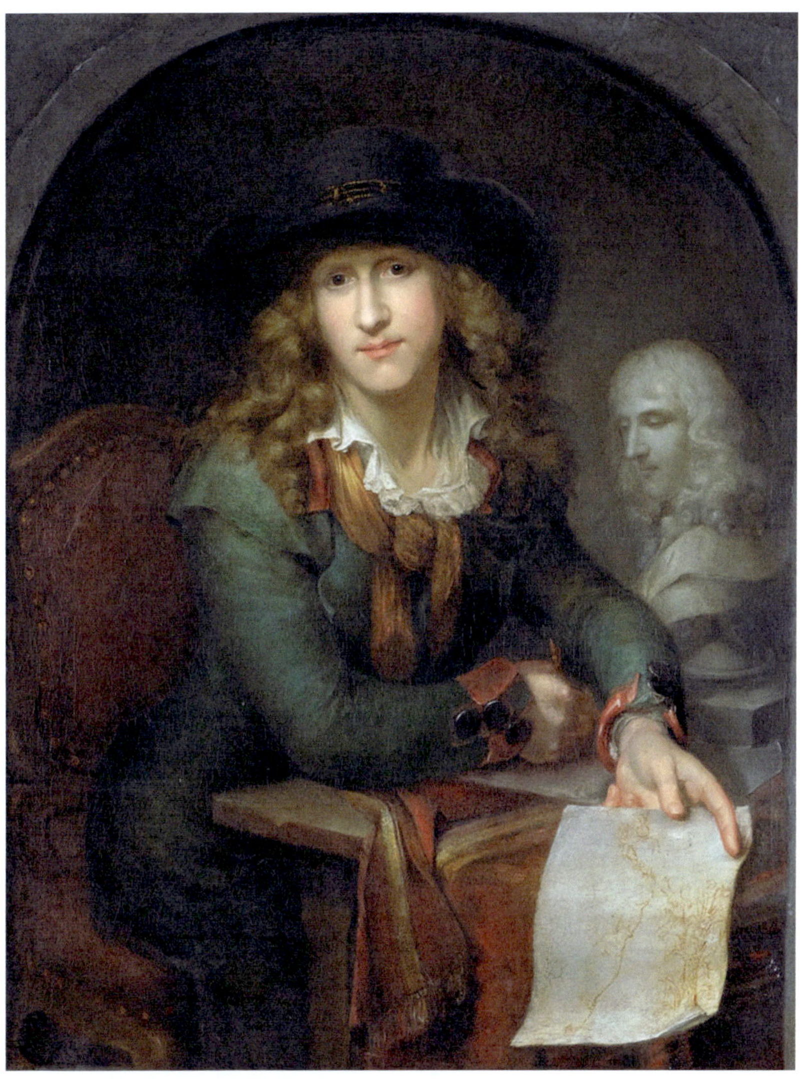

Abb. 8: Gerhard Kügelgen: *Selbstbildnis mit der Büste seines Bruders Carl,* 1790, 100 × 75 cm

Der Vermittler dieses Stipendiums war der Hofkammerpräsident und Universitätskurator Franz Wilhelm Freiherr von Spiegel (1752–1815), der den Brüdern vor ihrer Abreise in Bonn zu Aufträgen verhalf. Er vermittelte auch eine Verkaufsausstellung in der Bonner Lese- und Erholungsgesellschaft, in der die beiden Probestücke von der „Lese" angekauft wurden. An Spiegel richteten die Brüder ihre Briefe aus Rom, mit denen sie die Zahlungen aus Köln bestätigten und in denen sie über ihre künstlerischen Fortschritte berichteten.

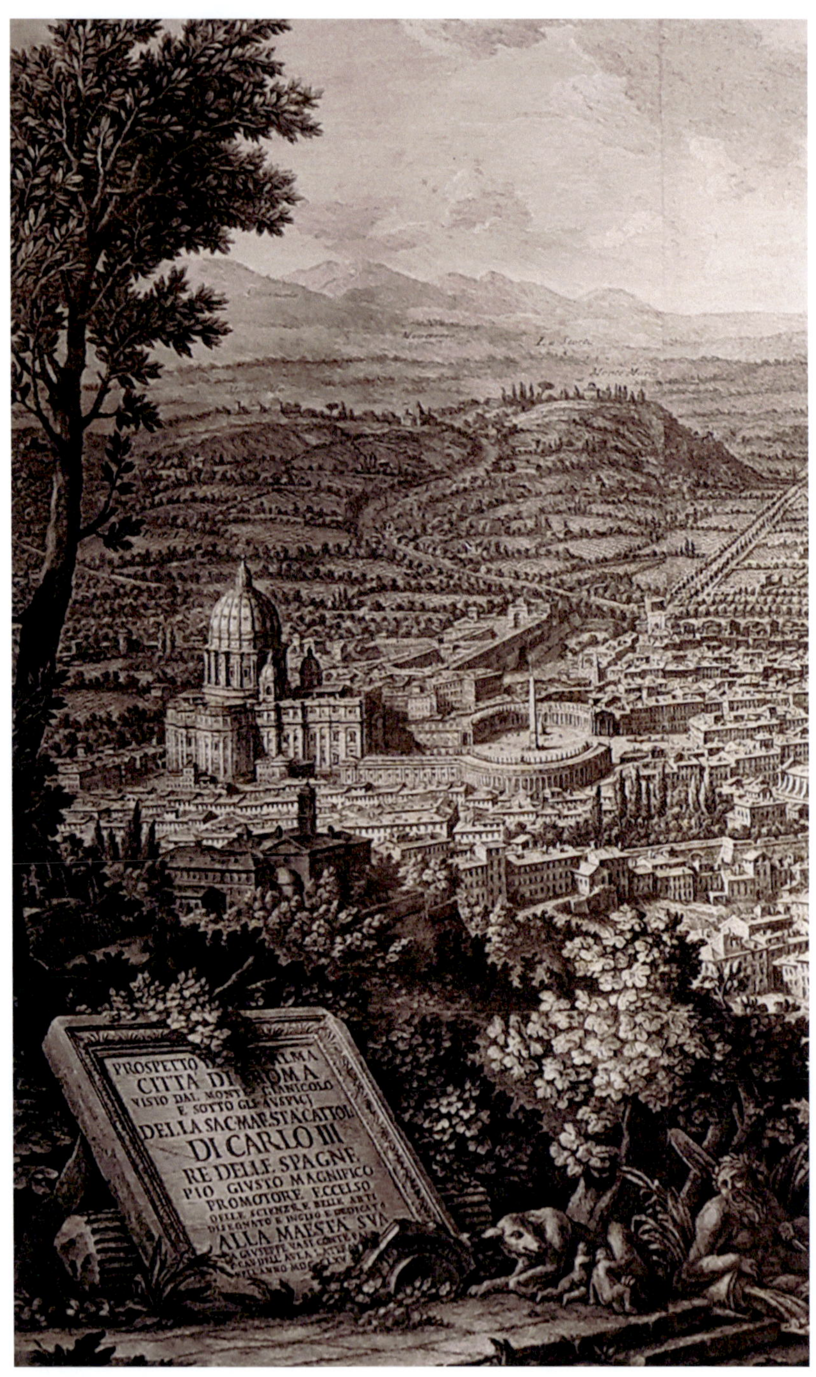

Abb. 9: Unbekannter Künstler: *Ansicht von Rom*, um 1765, Kupferstich

Aufenthalt in Rom

Anfang Mai 1791 brachen die Zwillinge, versehen mit einem Schutzbrief des Erzbischofs von Köln, nach Italien auf und kamen im Sommer in Rom an. Der Anfang scheint für sie nicht leicht gewesen zu sein. Nach der Anerkennung, die sie vorher in Bonn bekommen hatten, die ihr ausgeprägtes Selbstwertgefühl noch verstärkt hatte, mussten sie erkennen, dass ihnen die handwerkliche Ausbildung einer Akademie fehlte, die vorrangig auf Zeichnen nach der Natur und nach Gipsabgüssen beruhte.

Beide hatten durch Reproduktionsgraphiken, die sie bei ihren Lehrern gesehen hatten, klare Vorstellungen, an welchen Künstlern sie sich in Italien orientieren wollten, Gerhard an Raffael (1483–1520) und Carl an Claude Lorrain (1600–1682) und Nicolas Poussin (1594–1665). Die Überfülle künstlerischer Eindrücke machte es ihnen aber zunächst schwer, sich auf diese Leitbilder zu konzentrieren und eine bestimmte Richtung einzuschlagen. Trotzdem nahmen sie weder bei einem Maler noch an einer Privatakademie Unterricht. Stattdessen suchten sie Kontakt zu anderen deutschen Künstlern, Literaten und Gelehrten, mit denen sie über Kunstwerke und die eigenen Arbeiten diskutieren konnten. Zu diesem Kreis gehörten neben den Architekten Friedrich Weinbrenner (1766–1826) und Heinrich Gentz (1766–1811) ab 1792 der Maler Asmus Jakob Carstens (1755–1798), der als Stipendiat der Berliner Akademie nach Rom gekommen war, und zwei Jahre später der Kunstschriftsteller Carl Ludwig Fernow (1763–1808). Carstens und Fernow wurden Freunde der Brüder Kügelgen und hatten nachhaltigen Einfluss auf Gerhards künstlerische Entwicklung. 1794 machte er mit Carstens und Johann Erdmann Hummel (1769–1852) eine Fußwanderung nach Neapel, wo sie sich mehrere Wochen aufhielten. In diesem Jahr lernte Gerhard auch den Stuttgarter Maler Christian Ferdinand Hartmann (1774–1842) kennen, der später in Dresden für ihn ein wichtiger Freund und Ansprechpartner wurde.

Zu den Künstlern, deren Atelier Gerhard in Rom besuchte und die ihm nachweisbar Anregungen gaben, gehörte die Malerin Angelika Kauffmann (1741–1807). Gerhard sprach zwar immer davon, dass Raffael sein großes Vorbild wäre, doch erfolgte die Adaption des Künstlers zunächst viel stärker über Angelika Kauffmann, die sich in vielen ihrer Bilder mit Raffael beschäftigt hatte. Die erfolgreiche Malerin setzte sich selbstlos für junge Künstler ein. Sie überließ ihnen in ihrem Haus großzügig ihre Mappen mit Skizzen und Entwürfen zum Kopieren, was Gerhard nachweisbar nutzte. Angelika Kauffmann war nicht nur in ihren Kompositionen sein großes Vorbild, sondern auch in ihrer Selbstinszenierung als Künstlerin.

Neben den eher geschäftlichen Briefen von Carl an den Kurator Freiherr von Spiegel geben die Briefe eines weiteren Freundes, des Rigaer Patriziersohns Johann George Schwartz (1773–1830), genannt Hans, der mit ihnen in Rom im selben Haus lebte, ein lebendigeres Bild des römischen Lebens der Brüder.[3]

---

3 von Hellermann, Dorothee: *Gerhard von Kügelgen (1772–1820). Das zeichnerische und malerische Werk*, Berlin 2001, S. 19 (im Folgenden abgekürzt: Hellermann 2001a).

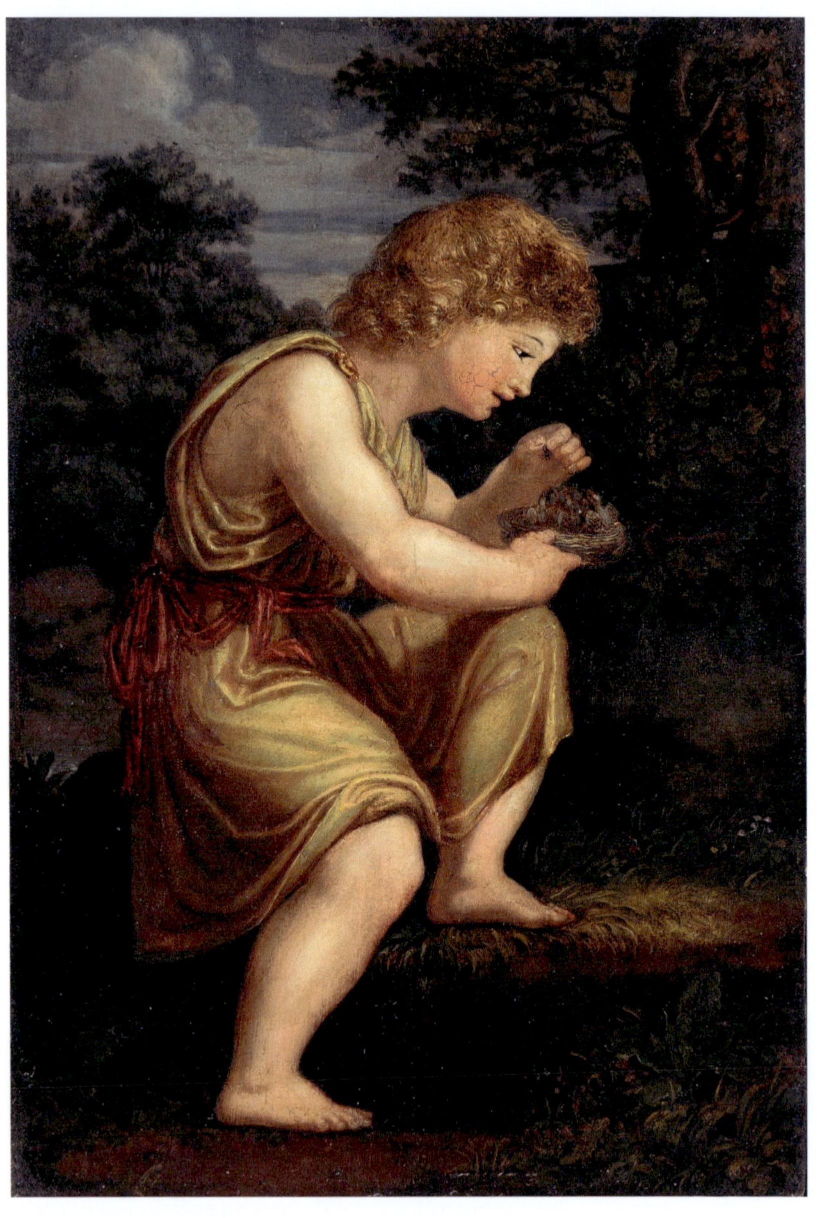

Abb. 10: Gerhard von Kügelgen: *Die Fürsorge*, 1794, Öl auf Holz © Privatbesitz

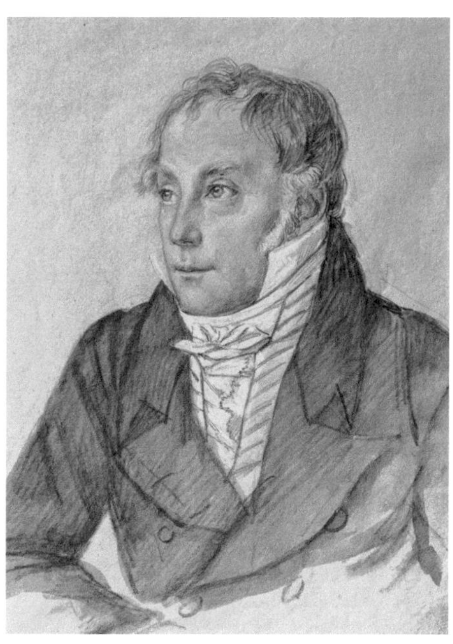

Abb. 11: August Georg Wilhelm Pezold: *Johann George Schwartz* (1773–1830), um 1824 Zeichnung © Bildarchiv Foto Marburg, Foto: Richard Hamann-Mac Lean

Hans Schwartz war ein typisches Beispiel für Söhne aus wohlhabenden Familien europäischer Länder, die durch eine Bildungsreise nach Italien ihre Kenntnisse erweitern sollten. Er besichtigte mit den Brüdern die Sammlung Giustiniani, die Villa Albani, den Palazzo Aldobrandini und andere römische Privatsammlungen. Schwartz beschrieb seinen Eltern, wie sehr die gutaussehenden Brüder wegen ihres identischen Aussehens in Rom auffielen, wenn sie in ihren roten Umschlagtüchern zusammen durch die Gassen gingen.

Die Brüder hatten in Rom eine gemeinsame Wohnung mit Atelier und halfen sich gegenseitig beim Malen. Ein Beispiel für ihre Zusammenarbeit ist Gerhards einfiguriges Bild, vermutlich eine Darstellung der *Fürsorge* [Abb. 10], das zwei widersprüchliche Beschriftungen zeigt: auf der Rückseite *„gemalt in Rom durch Gerhard Kügelgen aus Bacharach"*, auf der Vorderseite signiert und datiert *„Gerhard Kügelgen pinxit 1796"*.[4]

Diese Art der Darstellung eines abstrakten Begriffs wie „Fürsorge" oder „Nächstenliebe" hatte Gerhard im Atelier der Malerin Angelika Kauffmann kennengelernt. Gerhard malte aber nur den knienden Knaben, der die Vögel füttert. Der Himmel, das Blattwerk im Vordergrund und die Baumschläge zeigen die Handschrift seines Bruders Carl.

4 Vgl. Karl & Faber, Auktion 291, Lot Nr. 84. Dort als *Nesträuber* betitelt. 1796 lebte Gerhard bereits in Riga.

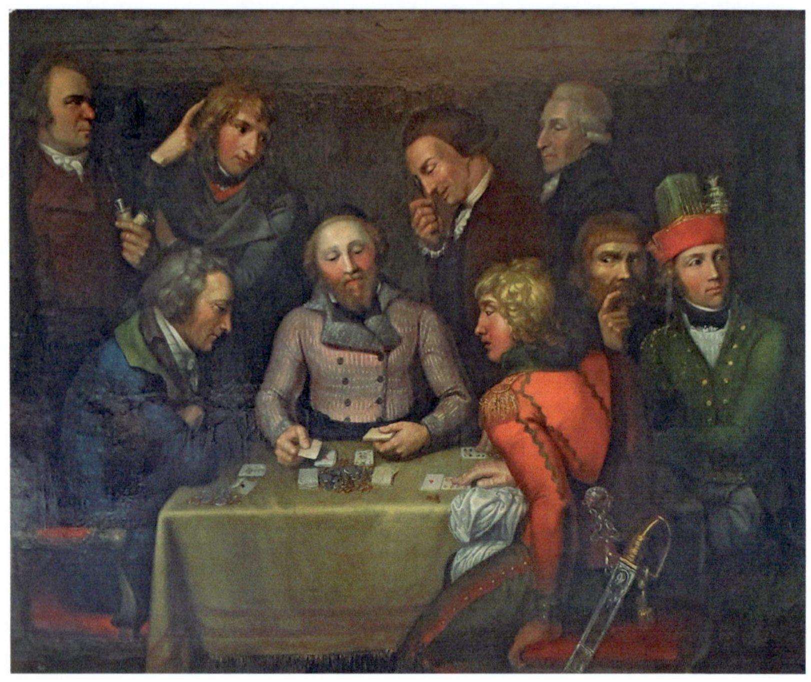

Abb. 12: Gerhard von Kügelgen: *Spieler an der Pharaobank*, 1795, Öl auf Leinwand © Privatbesitz

Der Weg ins Baltikum

1795 verzögerte sich wegen der französischen Besetzung des Rheinlands die jährliche Zahlung des Stipendiums, und die beiden Brüder saßen mittellos und verschuldet in Rom. Die Rückkehr in die besetzte Heimat erschien ihnen sinnlos, und so nahmen sie den Vorschlag ihres Freundes Hans Schwartz an, mit ihm zu Fuß nach Livland zu wandern. Er prophezeite ihnen ein reges Interesse an ihrer Kunst. Wie Schwartz aus seiner Heimat wusste, waren Künstler beim Adel und dem wohlhabenden Bürgertum der baltischen Provinzen gesucht. Die zweite Hälfte des 18. Jahrhunderts war eine bildnisfreudige Epoche, in der jeder bestrebt war, das eigene Bildnis als Ölbild, Miniatur oder zumindest als Silhouette der Nachwelt zu erhalten. Carl blieb zunächst noch in Rom, um Aufträge zu vollenden. Er lernte den exzentrischen Earl of Bristol (1730–1803) kennen, der Arbeiten von ihm und Gerhard kaufte und weitere Bilder bei Carl bestellte.[5]

Gerhard wanderte mit Hans Schwartz über Florenz, Bologna und Venedig nach Verona, wo sie sich zunächst trennten. Schwartz durchwanderte die Schweiz, und Gerhard ging für fünf Monate nach München, wo er dank der Empfehlungsschreiben römischer Freunde Zugang zum Hof bekam und u. a. den Kurfürsten

5 Die Bilder sind 1851 bei einem Feuer in Schloss Ickworth, dem Landsitz des Earls in Norfolk, England, verbrannt.

von Trier und den Grafen Rumford porträtierte. Da er auch ein Mitglied der Malerfamilie Kobell malte, wird er auch Kontakte zu Münchner Künstlern bekommen haben.[6]

Als er sich eines Morgens in der Münchner Galerie aufhielt, kam der Earl of Bristol auf ihn zu, der gerade mit Extrapost aus Rom gekommen war und es nicht fassen konnte, dass der mittellose junge Landschaftsmaler, den er in Rom zurückgelassen hatte, plötzlich vor ihm stand. Er war so begeistert von dem identischen Aussehen der Zwillinge, dass er gleich mehrere Bilder von Gerhard kaufte und weitere in Auftrag gab.[7]

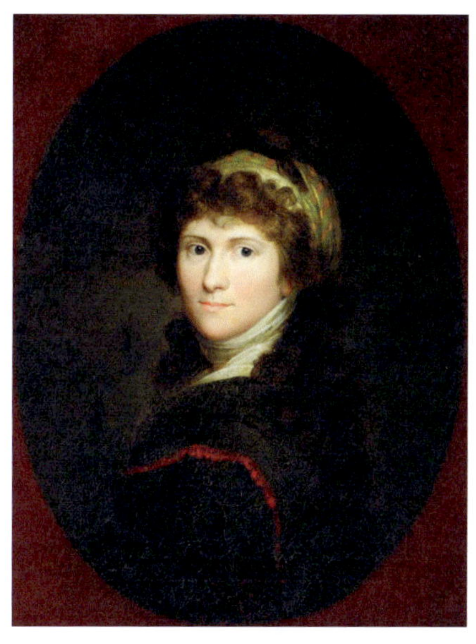

Abb. 13: Gerhard von Kügelgen: *Helene Marie von Kügelgen,* 1803, Öl auf Leinwand © Staatliche Kunstsammlungen Dresden, Albertinum

In München trafen Kügelgen und Schwartz wieder zusammen und wanderten über Augsburg und Dresden nach Berlin, wo sie Heinrich Gentz wiedersahen und Friedrich Gilly (1772–1800) kennenlernten, der sie durch Berlin führte. Im September 1795 kamen sie in Riga an. Zu dieser Zeit lebten dort nur die Porträtmaler und Silhouettenschneider Johann Jakob Müller (1765–1832) und Johann Peter Fatt (o. J.).[8] Wie Schwartz vorausgesagt hatte, bekam Gerhard sehr schnell Kontakte und Aufträge. Die in bestem Rufe stehende Gastlichkeit der alten Hansestadt bewährte sich ihm gegenüber: Die alten Häuser der reichen Kaufleute Burchard Johann Zuckerbecker (1769–1842), Bernhard Christian Klein und anderer vornehmer Adelsfamilien öffneten sich ihm.[9] Wie schnell sich Kügelgen in diese Kreise integrieren konnte, zeigt auch das Gruppenbild *Die Spieler an der Pharaobank* von 1795 mit den Porträts Rigaer Persönlichkeiten, darunter seines Freundes Hans Schwartz als Mitglied der Schwarzhäuptergilde und oben links sein Selbstporträt [Abb. 12].

Kügelgen erhielt zahlreiche Aufträge, meist für Porträts, die ihm verhasst waren: „*Wenn ich nur nicht mehr Portraits malen müßte dann wäre ich doch so ziemlich glücklich, da aber meine Phantasie immer mit anderen idealen schwanger ist die ich mahlen möchte, und wozu ich nie kommen kann, so komme ich mir vor wie ein schuster, der nur immer schuh und stiefel macht.*“[10]

6 Hellermann 2001a, P 29.

7 Hasse, S. 61 f.

8 *Ausstellung von Gemälden, Handzeichnungen, Aquarellen und Miniaturen der Maler Gerhard, Karl und Wilhelm von Kügelgen,* Riga 1911, S. 1 (im Folgenden abgekürzt: Kat. Riga).

9 Hellermann 2001a, S. 20.

10 Aus einem Brief Gerhards aus Riga an seine Schwester Marian Holthof, geb. Kügelgen, Frühjahr 1798, vgl. Hellermann 2001a, S. 300.

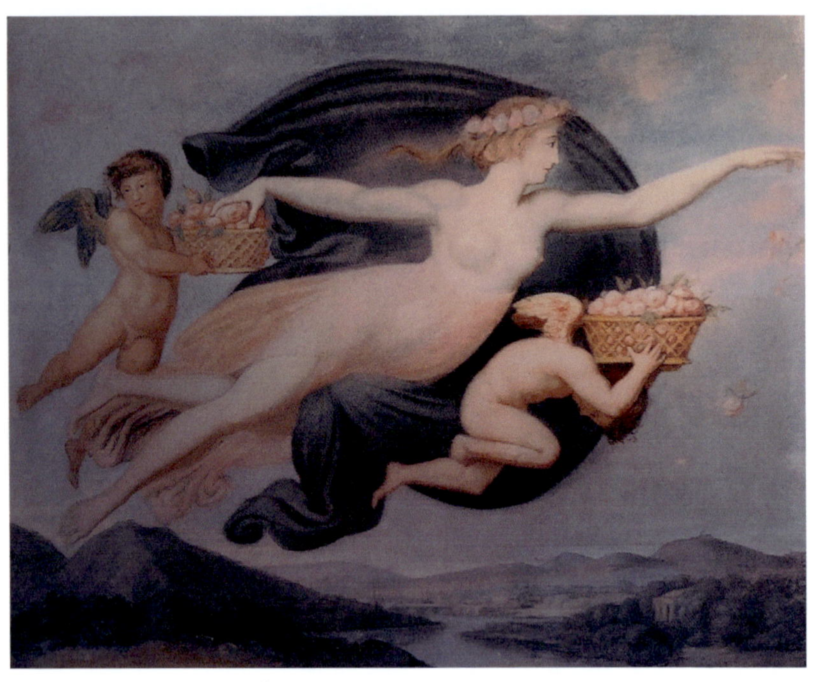

Abb. 14: Gerhard von Kügelgen: *Der Tag*, 1795/96, Pastell auf Papier © Privatbesitz

Vereinzelt malte er auch Historienbilder, wie *Der Tag*, eine schwebende weibliche Figur, die aus von Genien getragenen Körben Rosen streut und ihr Gegenstück *Die Nacht*, ebenfalls eine schwebende weibliche Figur, die in ihrem Sternenmantel die Genien Schlaf und Tod birgt [Abb. 14 und 15].[11] Im Sommer 1796 traf auch Carl Kügelgen in Riga ein. Er war nicht wenig verwundert, dass er immer wieder von fremden Menschen wie ein alter Bekannter begrüßt wurde, weil die Ähnlichkeit mit seinem Bruder so groß war, und sie ständig verwechselt wurden. Beide unternahmen von Riga aus Ausflüge nach Reval (Tallinn) und St. Petersburg und wurden 1798 von einem Herrn von Pohlmann auf sein Gut Koddil in Estland eingeladen. In Reval (Tallinn) lernte Gerhard den kunstliebenden Baron Wilhelm Zoege von Manteuffel (1745–1816) kennen, der ihn als Mal- und Zeichenlehrer für seine älteste Tochter Helene Marie (1774–1842), genannt Lilla, engagierte [Abb. 13]. Ihre ein Jahr jüngere Schwester Sophie von Stackelberg machte zu dieser Zeit mit ihrem Mann eine Reise durch Deutschland. Die Briefe, die Lilla an sie schrieb, geben uns einen Einblick, wie sich das Verhältnis zwischen Schülerin und Lehrer entwickelte. Am 5. März 1798 schrieb sie über Kügelgen: „*Ein feiner, gebildeter Mann, voll leidenschaftlicher Liebe für seine Kunst. Seine Begeisterung, wenn er von Malerei spricht, ist wahrhaft ansteckend. Gestern gab er mir sein Porträt, klein auf Elfenbein. Dieses Gemälde übertrifft alles,*

11 Hellermann 2001a, H 10 u. 11.

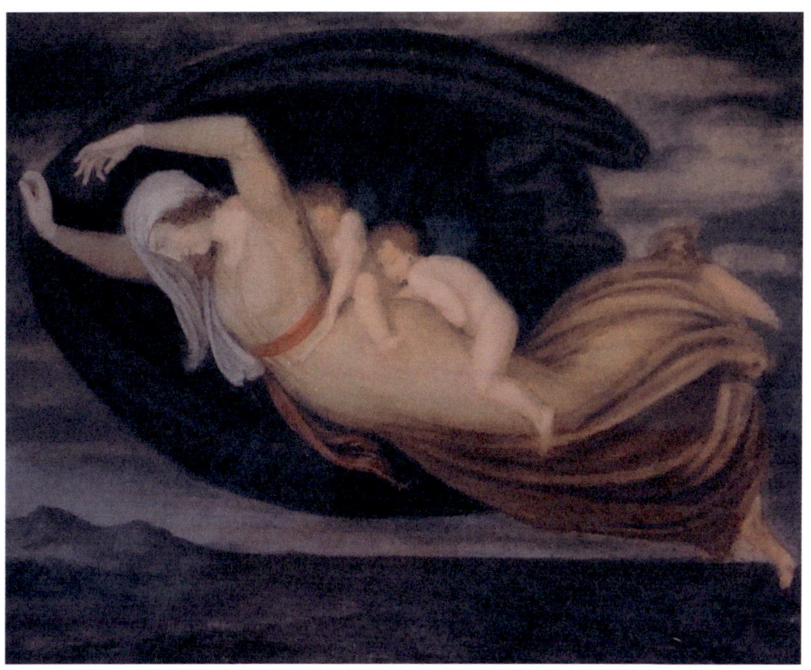

Abb. 15: Gerhard von Kügelgen: *Die Nacht*, 1795/96, Pastell auf Papier © Privatbesitz

was ich mir habe denken können – es ist ja unmöglich, etwas Schöneres zu sehen."[12] Später schrieb Lilla: „*Das ist wohl der liebenswürdigste Mann, den ich kenne. Sein Gesicht ist schön, doch kann ich mir noch ein schöneres denken – ein so sanftes Herz aber, so viel feines zartes Gefühl bei einem Manne, der sich im Leben unter allen Menschenklassen bewegt hat – dies ist mir noch nicht vorgekommen und hat mir bis jetzt, ich gestehe es, eine Unmöglichkeit geschienen.*"[13]

Die Liebesbeziehung erschien zunächst hoffnungslos. Gerhard hatte deutlich gemerkt, dass er Lillas Vater gut gefiel und gehofft, dass er wohlwollend aufgenommen werden würde, wenn er den Baron um die Hand seiner Tochter bitten würde. Doch Lilla war weniger optimistisch, dass ihr Vater einen bürgerlichen und noch dazu katholischen Maler als Schwiegersohn akzeptieren würde und wies ihn zunächst ab. Als sie aber merkte, wie sehr er unter ihrer Absage litt, riet sie ihm, nach St. Petersburg zu gehen, um sich als Künstler eine sichere Zukunft aufzubauen. Gleichzeitig berichtete sie ihrer Mutter von ihrer Liebe und ihrem Rat an Gerhard. Da auch die Mutter ihm wohlgesonnen war, gab sie ihm Empfehlungsschreiben an Verwandte und an die Oberhofmeisterin der Großfürstin Anna mit.[14]

---

12 von Kügelgen, Anna und Emma: *Helene Marie von Kügelgen, geb. Zoege von Manteuffel. Ein Lebensbild in Briefen*, Stuttgart 1922, S. 10 (im Folgenden abgekürzt: Kügelgen 1922). Zur Miniatur, von der Helene Marie so begeistert ist, siehe Hellermann 2001a, P 60.

13 Kügelgen 1922, S. 12.

14 Hasse, S. 70–74.

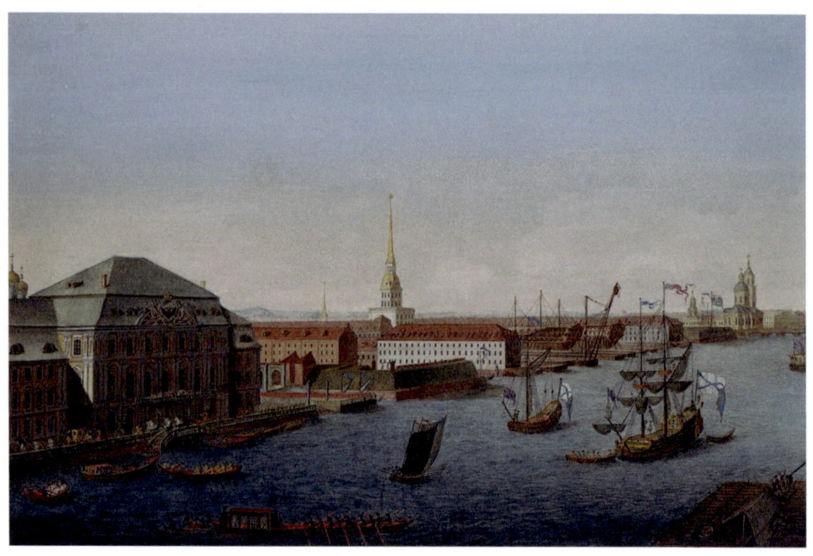

Abb. 16: Kachalov Makhayev: *Sicht auf die Neva in St. Petersburg*, 1753, Öl auf Leinwand © Wikimedia

In St. Petersburg

Im Dezember 1798/99 trafen die Brüder in St. Petersburg ein. Die Stadt war um 1800 ein Zentrum der Kunst in Russland, in der sich entsprechend dem Wunsch ihres Gründers, Zar Peter dem Großen (1672–1725), Architekten, Maler und Bildhauer nach europäischen Vorbildern richteten. Seit 1724 besaß St. Petersburg eine Akademie, die sich unter der Zarin Elisabeth (1709–1762) bald zu einer der bedeutendsten Akademien Europas entwickelt hatte. Seit 1770 gab es dort regelmäßig Ausstellungen, die über die neuesten Richtungen der Kunst in Russland informierten.[15] So bot der Ortswechsel Gerhard nicht nur Ablenkung von seinen privaten Kümmernissen, sondern auch vielfältige künstlerische Anregungen. Dank seiner Empfehlungsschreiben erhielt er schon bald zahlreiche Aufträge und Kontakte zur kaiserlichen Familie. Er malte Miniaturporträts der Großfürstinnen Elisabeth (1779–1826)[16] und Anna Pawlowna (1795–1865) und zahlreicher Mitglieder des Hofes.

Miniaturen sind sehr persönliche Porträts, die man als Medaillon bequem bei sich tragen konnte. Sie waren meist Geschenke für eine bestimmte Person und in der zweiten Hälfte des 18. Jahrhunderts nicht nur als Schmuckstück, sondern auch als Dekoration für Tabatieren und Tassen beliebt. Damals wurde es auch Mode, eine Miniatur auf ein Auge zu beschränken, die ein Bildnis noch intimer machte, da nur der Beschenkte wissen konnte, welches Auge abgebildet war. Deshalb waren diese Miniaturen als Geschenke zwischen Liebenden

15 *St. Petersburg um 1800. Ein goldenes Zeitalter des russischen Zarenreichs*, Essen 1990, S. 72.

16 Hellermann 2001a, P 70 und Farbtafel VII.

beliebt. Kügelgen malte 1798 ein solches Augenbildnis für den Fürsten Adam Jerzy Czartoryski (1770–1861), das verschollen ist.[17] Eine weitere Augenminiatur von Kügelgen besitzt die Miniaturensammlung des Victoria & Albert Museums, bisher bezeichnet mit „*artist unknown*", doch entspricht das Auge mit seiner nur wenig vom Augenlid bedeckten Iris und dem Glanzlicht in der oberen Ecke Kügelgens Technik, Augen zu malen.[18] Denselben Blick zeigt eine erhaltene Augenminiatur, die auf der Vorderseite das Miniaturporträt seines Schwiegervaters Wilhelm Zoege von Manteuffel trägt und auf der Rückseite in einem Rundmedaillon sein eigenes Auge, das durch blaue Wolken blickt [Abb. 18].[19]
Nachdem Gerhard zunächst unter der Aussichtslosigkeit einer Heirat physisch gelitten hatte, war es nun Lilla, die so ernstlich krank wurde, dass der Vater schließlich seine Zustimmung zu ihrer Verbindung gab. Allerdings nur unter drei Bedingungen: Kügelgen sollte ein Kapital von 20.000 Rubeln (nach heutiger Rechnung ca. zwei Millionen Euro) nachweisen, sich adeln lassen und eventuelle Kinder protestantisch erziehen. Das geforderte Kapital erscheint für einen mittellosen jungen Künstler gigantisch, doch schaffte Kügelgen es innerhalb eines Jahres fast das ganze Vermögen durch seine Arbeiten zu erwerben. Der restliche Betrag wurde ihm von einem Freund, dem Juwelier Jacob David Duval (1768–1844) vorgestreckt [Abb. 17]. Duval belieferte die Zarin Katharina II. und Zar Paul I. Es ist anzunehmen, dass er auch die kostbaren Rahmen

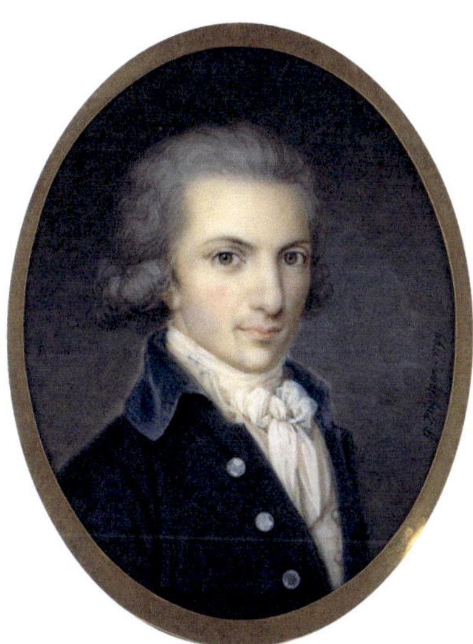

Abb. 17: Gerhard von Kügelgen: *Jacob David Duval,* Aquarell und Gummiarabikum auf Elfenbein, 6,5 × 5,2 cm © Auktionshaus Bassenge Berlin

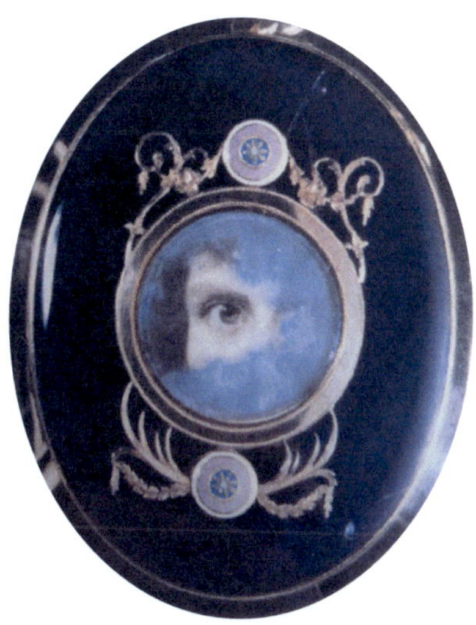

Abb. 18: Gerhard von Kügelgen: *Augenminiatur mit dem Auge des Malers,* 1803, Miniatur auf Elfenbein © Privatbesitz

17 Hasse, S. 77.
18 *Watercolour,* London 2011, Kat. Nr. 20, Inv.-Nr. P 99-1977.
19 Hellermann 2001a, P 140 a und b und Farbtafel XI.

zu Kügelgens Miniaturen der Zarenfamilie[20] und der Augenminiatur [Abb. 18] angefertigt hat.

Noch bevor den Brüdern Kügelgen 1802 in Wien der Reichsadelstand verliehen wurde, konnten Gerhard und Lilla am 2. September 1800 überraschend in Alt-Harm heiraten. Die Zeremonie war von Lillas exzentrischem Vater arrangiert worden. Das Brautpaar wusste nicht, weshalb sie sich im Park vor einem Prediger versammeln sollten, bis sie die Trauungsformel hörten. Vierzehn Tage danach zog das Paar nach Petersburg.

Kügelgens Erfolg in St. Petersburg beruhte wesentlich auf dem Patronat des Hofes, durch das er als Porträtmaler in Mode kam. 1799 erhielt er von Paul I. (1754–1801) den Auftrag, die kaiserliche Familie zu malen, ein Gruppenbild mit elf Personen im Park von Schloss Pawlowsk [Abb. 20]. Zu der Zeit, als Kügelgen den Auftrag bekam, war das Gerücht aufgekommen, dass der für seine oft willkürlichen Handlungen bekannte Zar Paul I. gemütskrank wäre. Um dem entgegen zu wirken, steht im Zentrum des Bildes eine Harfe, ein Symbol göttlicher Harmonie, weil ihre Töne besänftigen. Die Komposition des Bildes übernahm Kügelgen, wohl in Absprache mit den Auftraggebern, von Angelika Kauffmanns Bildnis *Die Familie des irischen Staatssekretärs Philipp Tisdall* von 1771, dessen Vorzeichnungen er vermutlich im Atelier der Malerin in Rom gesehen hatte. Der Zar und seine Frau waren beide seit ihrer Europareise 1780 Bewunderer der Künstlerin und erwarben während dieser Reise Bilder von ihr. Kügelgen zeichnete mehrere Skizzen für das Gruppenbild,[21] von denen leider die endgültige Fassung des Bildes verschollen und nur durch Abbildungen in

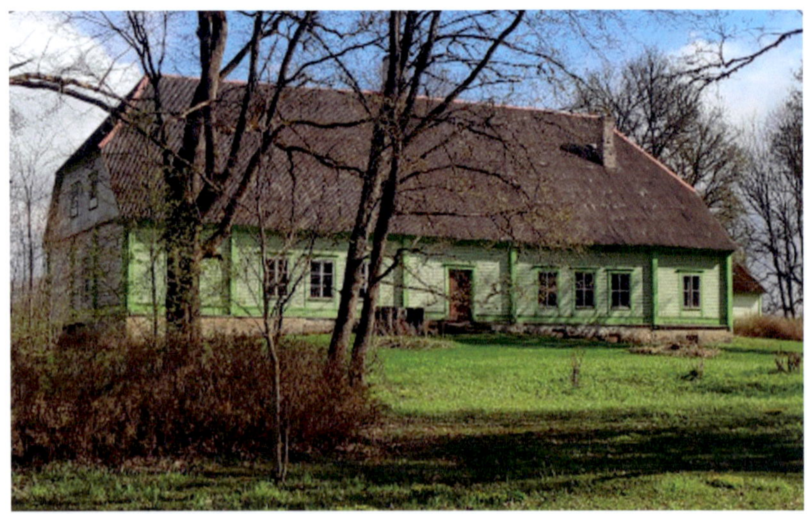

Abb: 19: Das Herrenhaus Alt-Harm, 2010 © Wikimedia

20 Vgl. Hellermann 2001a, P 70.

21 Hellermann 2001a, P 94–96.

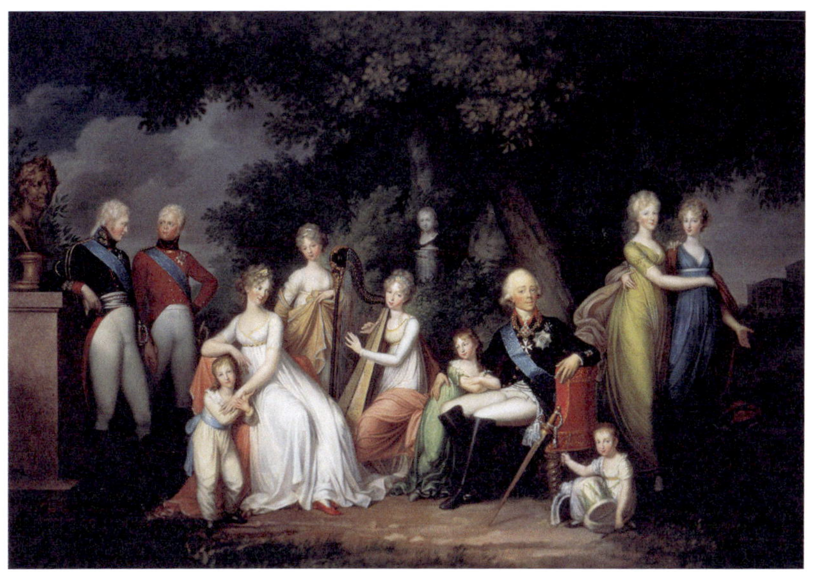

Abb: 20: Gerhard von Kügelgen: *Zar Paul I. mit seiner Familie*, 1799/1801, Öl auf Leinwand

Katalogen überliefert ist.[22] Die Bäume, der Blick auf Schloss Pawlowsk und die Wolken im Hintergrund des Bildes sind in den Vorzeichnungen nur schwach angedeutet und wurden in dem Gemälde von Carl gemalt. Das kaiserliche Paar sitzt zwanglos im Park und ist umgeben von seinen neun Kindern. Sie bilden eine harmonische Gemeinschaft, deren gegenseitige Zuneigung durch Umarmungen und Gesten demonstriert wird. Die noch als Kind gestorbene Großfürstin Olga Pawlowna (1792–1795) ist durch ihre Büste im Schatten der Bäume in den Familienkreis mit einbezogen. Der Thronfolger Alexander (1777–1825) lehnt sich lässig links an ein Piedestal mit der Büste Peters des Großen.

Diese Selbstinszenierung der kaiserlichen Familie verfehlte ihre Wirkung nicht. Der Schriftsteller Johann Gottfried Seume (1763–1810) sah das Bild 1805 im Familienkabinett in Pawlowsk, wo es noch heute hängt, und notierte in seinem Reisebericht: „*Pauls Familienbild, in einem anderen Zimmer, wird vielleicht einst ein Familienstück von unschätzbarem Werth seyn; die Arbeit des Künstlers verdient schon jetzt großen Beyfall. Die Aehnlichkeit ist nach dem Zeugnisse Aller, welche die ganze kaiserliche Familie näher kennen, außerordentlich.*“[23]

Bei der Ermordung des Zaren war das Familienbild noch nicht fertiggestellt. Gerhard vollendete es 1801 in Pawlowsk, wo er den größten Teil der Woche lebte und wie selbstverständlich im Schloss ein- und ausgehen konnte. Er hatte Zugang zu der Gemäldesammlung der Zarin, in der er nicht nur Werke von Angelika Kauffmann studieren konnte, sondern u. a. auch von Johann Gott-

22 Katalog Riga (ohne Seitenangabe), Kat.-Nr. 65 und Hellermann 2001a P 96.
23 Seume, S. 112.

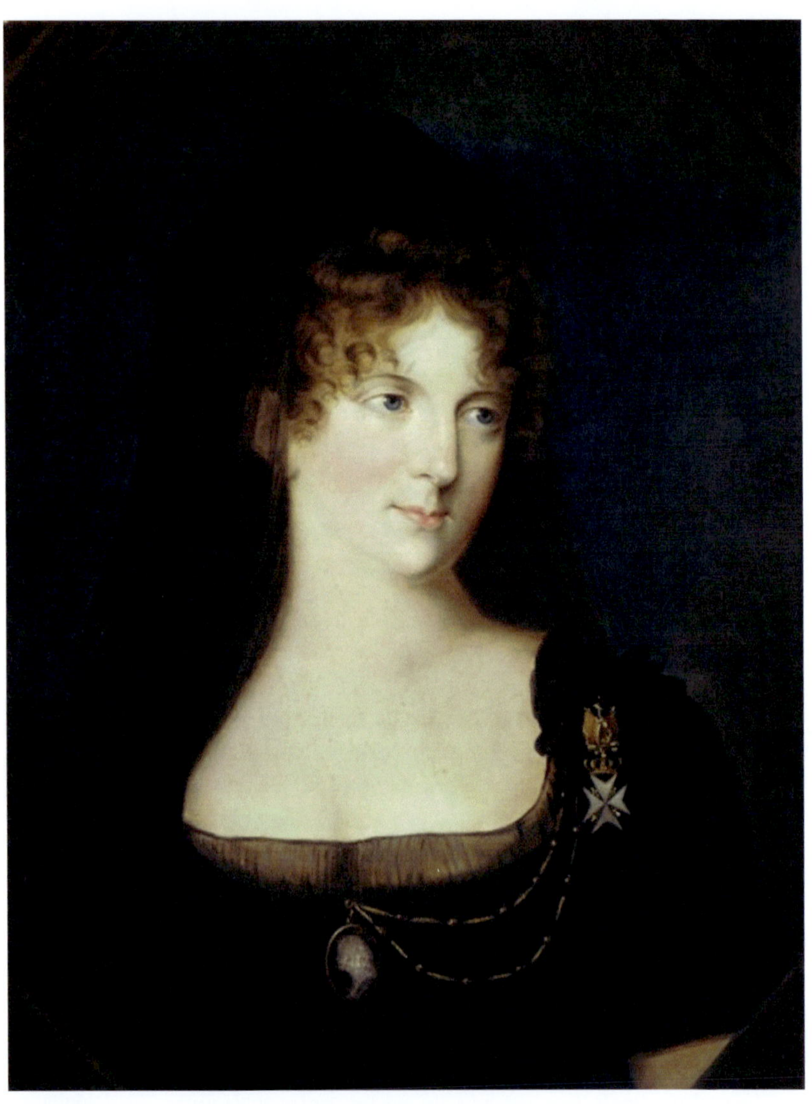

Abb. 21: Gerhard von Kügelgen: *Zarin Maria Feodorowna in Trauerkleidung*, Öl auf Leinwand

lieb Puhlmann (1751–1826), Pompeo Batoni (1708–1787), Anton Raphael Mengs (1728–1779), Hubert Robert (1733–1808) und Jacob Philipp Hackert (1737–1807). Während dieser Zeit malte er auch ein Porträt der Zarin Maria Feodorowna (1759–1828) in Trauerkleidung [Abb. 21].[24] Die erste Fassung dieses Bildes war eine Miniatur auf Elfenbein, nach der sie mehrere Repliken

24 Hellermann 2001a, P 109.

anfertigen ließ, weil sie es selbst sehr schätzte: „*Wenn Gerhard am Porträt der Kaiserin malte, so saßen alle Großfürstinnen um die Mutter herum mit verschiedenen Handarbeiten, und die Erbprinzessin von Mecklenburg sitzt hinter seinem Stuhl, um besser zusehen zu können.*“[25]

Der sinnende Gesichtsausdruck Maria Feodorownas, die mit leicht geneigtem Kopf nach links am Betrachter vorbeiblickt, gleicht Angelika Kauffmanns *Klio*, die Muse der Geschichtsschreibung. Das Bild entsprach dem allgemeinen Urteil über die Zarin, die als Heim aller Tugenden, hier in Trauer um ihren Mann, angesehen wurde. Sie war eine begabte Steinschneiderin und trug vor der Brust ein selbstgeschnittenes Medaillon mit dem Porträt ihres Mannes, das sie bis zu ihrem Tod stets getragen haben soll. Kügelgens filigrane Maltechnik, das Sfumato, kann man wunderbar an dem durchsichtigen Stoff über dem Dekolleté des Kleides erkennen.

Zeitweilig hielt sich auch sein Bruder Carl in Pawlowsk auf und malte nicht nur den landschaftlichen Hintergrund des Familienbildes, sondern auch Ansichten des Parks mit Blick auf Schloss Pawlowsk und den Freundschaftstempel.[26] Die 1801 geborene Tochter Maria von Gerhard und Lilla starb nach 18 Monaten in Pawlowsk. Carl malte ihr Grab auf dem dortigen Friedhof.[27]

Zwischen dem 1795 in Riga gemalten Gruppenbild *Die Spieler an der Pharaobank* [Abb. 12] und dem *Familienbild* liegen sechs Jahre. Der Vergleich der beiden Bilder zeigt deutlich Kügelgens künstlerische Entwicklung. Das Rigaer Bild entspricht mit den übergroßen Köpfen noch ganz einem Gruppenbild seines Lehrers Januarius Zick.[28] Es ging hier dem Maler und eher noch dem Auftraggeber, einem Mitglied der schon erwähnten Patrizierfamilie Zuckerbecker, vor allem um die Porträts der neun Personen, die für ein so figurenreiches Bild in relativ kleinem Format (51 × 65 cm) mit steifen Bewegungen dicht zusammengedrängt abgebildet wurden. Allerdings ist es auffallend, dass zumindest schon das Porträt von Hans Schwartz und Gerhards Selbstporträt eine feine Malweise erkennen lassen, während die anderen Köpfe grob und fast wie Karikaturen wirken. Pharao ist ein Glücksspiel mit Karten, bei dem einer der Spieler die Bank hält, hier der Spieler in dem rosa Wams. Die Gegenspieler setzen eine Geldsumme auf ein Kartenblatt. Es ist denkbar, dass das Bild eine Persiflage auf eine ‚bedrohliche‘ Episode des Spiels sein sollte, die die aufgeregte Gestik der Spieler erklären würde.

In dem Familienbild Pauls I. wurden die Personen in drei Gruppen aufgeteilt, links die beiden älteren Söhne, in der Bildmitte das kaiserliche Paar mit den jüngeren Kindern und rechts die ältesten Töchter. Die Haltung aller Personen ist leger, wie in einer Momentaufnahme festgehalten. Dieses plötzliche Innehalten in einer Geste oder Bewegung übernahm Kügelgen von der Malerin

25 Aus einem Brief Lillas an ihre Schwiegermutter vom 28. Juni 1801; Kügelgen 1922, S. 78. Die Erbprinzessin von Mecklenburg war die Großfürstin Helene Pawlowna (1784–1803).

26 *Krieg und Frieden. Eine deutsche Zarin in Schloss Pawlowsk,* München 2001, Kat. Nr. 110 u. 113.

27 von Kügelgen, Leo: *Ein Malerleben um 1800 und die anderen sieben Künstler der Familie,* Stuttgart 1924, Abb. S. 150.

28 Januarius Zick: *Die Familie Remy,* 1776, Germanisches Nationalmuseum Nürnberg, Inv. Nr. GM 1380.

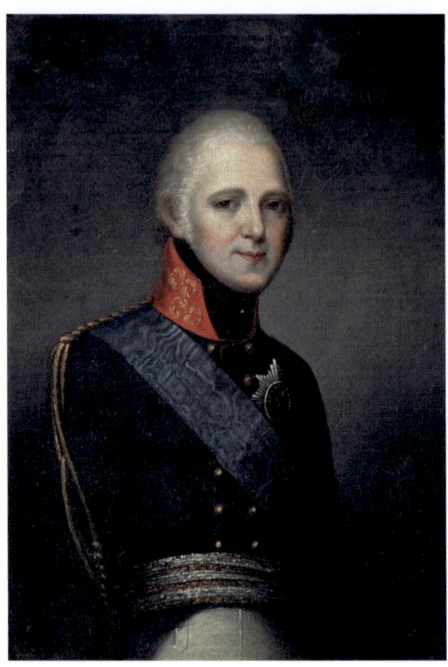

Abb. 22: Gerhard von Kügelgen: *Zar Alexander I.*, Öl auf Leinwand © Bridgeman images

Élisabeth Vigée-Lebrun (1755–1842), die seit 1795 in St. Petersburg lebte und ebenfalls von der kaiserlichen Familie und dem Adel hochgeschätzt wurde. Nach ihrem Vorbild entwickelte er seine charakteristische Malweise der Haare, die locker aus mehreren dünnen übereinander gelegten Schichten ‚aufgebaut' wurden. Kügelgen beherrschte nun, wie schon erwähnt, eine extrem feine Maltechnik mit dünnen Lasuren, die für seine Arbeiten charakteristisch ist.

Nach der Krönung des jungen Zaren Alexander I. bestand ein großer Bedarf an offiziellen und privaten Porträts seiner Person. Eigentlich sollte die sehr viel routiniertere Malerin Élisabeth Vigée-Lebrun die Aufträge erhalten, doch fühlte sie sich aus persönlichen Gründen dazu außer Stande: *„Am zweitnächsten Tage* [nach dem Tode Pauls I.] *kam Graf Stroganoff zu mir und befahl mir im Auftrag des Kaisers ein Brustbild und ein Reiterbild von ihm zu malen. Kaum hatte sich die Kunde davon verbreitet, als eine Menge zum Hofe gehörender Personen mich mit der Bitte bestürmten, ihnen Kopien, einerlei ob von dem Brustbild oder von dem Reiterbilde zu machen, wenn sie nur ein Porträt von Alexander haben könnten. Zu jeder anderen Zeit meines Lebens hätte mir dieser Umstand Gelegenheit geboten, mir ein Vermögen zu erwerben, aber leider ermöglichten mir meine körperlichen Schmerzen, von den seelischen Leiden, die mich noch quälten, ganz abgesehen, nicht, Nutzen daraus zu ziehen; mein jämmerlicher Gesundheitszustand verschlimmerte sich noch von Tag zu Tag.*"[29]

Die Aufträge, die die Malerin nicht erfüllen konnte, bekam nun Kügelgen. In den Jahren 1801 bis 1803 malte er über hundert Porträts und erwarb ein Vermögen von 46.000 Rubeln. Seinen großen Erfolg verdankte er seinem Porträt des Zaren Alexander [Abb. 22]. Da es als treffend ähnlich galt, erhielt er immer wieder Bestellungen, es als Öl- oder Pastellbild oder Miniatur zu wiederholen. Er malte es auf Tabatieren und Ringe, die sein Freund Duval verfertigte. Duval erhielt nicht nur das Darlehen zurück, sondern profitierte auch von dem Erfolg seines Freundes.[30]

29 von Mengden, Lida (Hrsg.): *Der Schönheit Malerin ... Erinnerungen der Elisabeth Vigée-Le Brun*, Darmstadt und Neuwied 1985, S. 270.

30 Hasse, S. 94.

Von St. Petersburg nach Dresden

Es sind verschiedene Gründe gewesen, die Kügelgen bewogen, St. Petersburg zu verlassen. Das erarbeitete Vermögen gab ihm und seiner Familie, der Sohn Wilhelm war Ende 1802 geboren, finanzielle Sicherheit, sodass er sich frei entscheiden konnte, wo er leben wollte. Es war immer das Bestreben Gerhards gewesen, sich ganz auf Historienmalerei konzentrieren zu können. Bis weit ins 19. Jahrhundert galt die Historienmalerei, die Darstellung handelnder Menschen, als höchste Gattung der Malerei. Dafür suchte er stets nach neuen Anregungen und hatte sicherlich auch Sehnsucht, seine Heimat und seine Familie wiederzusehen. Vielleicht war auch 1802 die Ankunft des französischen Malers Jean Laurent Mosnier (1743–1808) in St. Petersburg einer der Gründe, der Stadt an der Newa den Rücken zu kehren. Mosnier war wie Elisabeth Vigée Le Brun, die St. Petersburg 1801 endgültig verlassen hatte, in Paris „*peintre de la reine*" der Königin Marie Antoinette gewesen und wurde in St. Petersburg sofort Hofmaler der Zarin Elisabetha Alexejewna, was Gerhard nicht geworden war.

Zunächst lebte Gerhard für fast ein Jahr in Alt-Harm bei der Familie seiner Frau. Dort malte er für seinen Bruder Carl ein Porträt seiner Frau [Abb. 13][31] und die Miniatur mit dem Bildnis seiner Schwägerin Sophie von Stackelberg (1775–1828) [Abb. 23][32]. Sie hält wohl einen Spiegel, oder vielleicht eine Miniatur in der Hand, den oder die sie einer nicht sichtbaren Person außerhalb des Bildes entgegenhält. Die für den Betrachter sichtbare Inschrift auf der Rückseite lautet „*Blick her!*", die wohl eine scherzhafte Anspielung war, deren Bedeutung nicht überliefert wurde.

Außerdem zeichnete er in diesen Monaten die übrigen Familienmitglieder für sein Freundschaftsalbum, das er in St. Petersburg begonnen hatte. Die Gesichtszüge wurden mit Kohle und Kreide in weichen Farbübergängen modelliert und stellenweise verrieben oder laviert, wie in dem Haarkamm seiner jüngsten Schwägerin Emilie Zoege von Manteuffel (1788–1835) [Abb. 25][33], die 1807 Carl heiratete.

Während seines Aufenthaltes in Alt-Harm bekam er den Auftrag, für die deutschsprachige Universität Dorpat (Tartu) das Bildnis des Zaren Alexander I. in ganzer Figur in antikem Gewand zu malen, die ihrem Stifter damit huldigen wollte. Das heute verschollene Bild hing bis Ende des Ersten

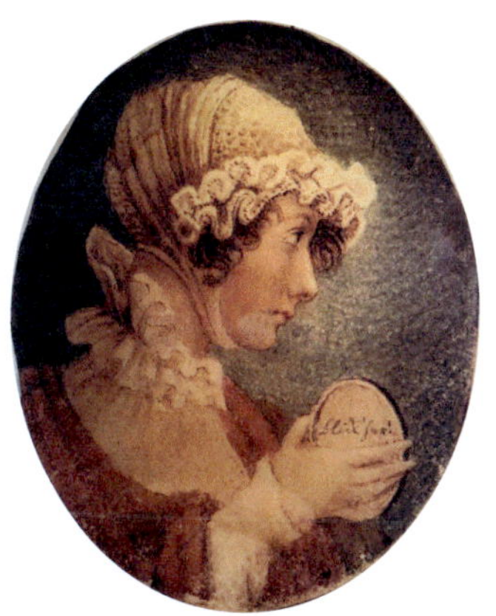

Abb. 23: Gerhard von Kügelgen: *Sophie Freifrau von Stackelberg*, Miniatur, Aquarell u. Gouache a. Elfenbein, 1803 © Museen der Stadt Dresden, Städtische Galerie Dresden

31 Hellermann 2001a, P 137.
32 Hellermann 2001a, P 136.
33 Hellermann 2001a, P 157.

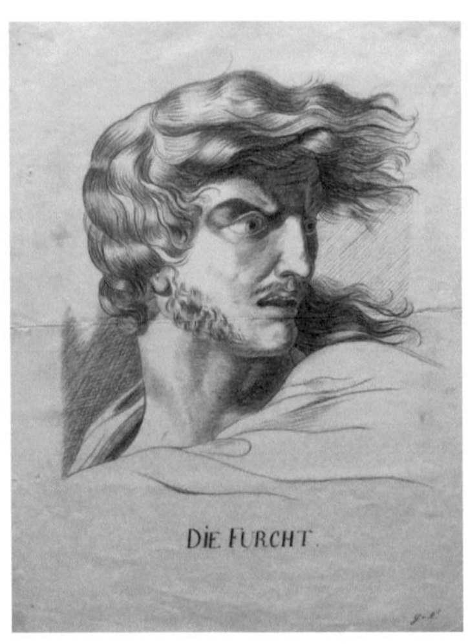

Abb. 24: Gerhard von Kügelgen: *Die Furcht,* 1804, schwarze Kreide auf Papier © Privatbesitz

Weltkriegs in der Aula der Universität.[34] Neben der Arbeit an den Porträts beschäftigte sich Kügelgen wieder mit Entwürfen für Historienbilder: *„Endlich fand er die Zeit zu historischen Bildern und Charakterköpfen, die er als Vorstudien jetzt nur in Crayon ausführte. Schon damals wählte er sich als Aufgabe vorzugsweise die Darstellung von einzelnen Figuren, in denen er die Charakteristik interessanter oder großer Lebensmomente oder auch das Seelenbild eines reichen Daseyns ausdrücken wollte; seltner einfache Gruppen, in denen er einen Gesammtbegriff versinnlichte."*[35] Ein Beispiel für die in dieser Zeit entstandenen Charakterköpfe ist die Kreidezeichnung *Die Furcht*, die unten rechts signiert, aber nicht datiert ist [Abb. 24].

Kurz vor seiner Abreise nach Deutschland kam sein Zwillingsbruder, der inzwischen vom Zaren als Hof- und Kabinettsmaler fest angestellt worden war, von St. Petersburg nach Alt-Harm. Bei diesem Treffen sahen sich die Brüder, die bisher fast immer zusammengelebt und gearbeitet hatten, zum letzten Mal. Beide verloren durch die Trennung nicht nur den Nimbus des Außergewöhnlichen, den sie durch die Duplizität ihrer Erscheinung in ihrem bisherigen Leben gehabt hatten, sondern auch ihre wichtigste künstlerische Stimulans. Aus der erhaltenen Korrespondenz der Brüder geht hervor, dass ihre Trennung zunächst höchstens zwei Jahre betragen sollte. Beide versuchten in den kommenden Jahren, sich gegenseitig mehrfach zu überreden, nach Dresden bzw. Russland zu ziehen, und Gerhard schrieb immer wieder, dass sich sein Genius nur im Zusammenleben mit Carl voll entfalten könne: *„Könnten wir nur unser Wesen miteinander treiben und wären von Nahrungssorgen gesichert! Eine neue Kunstwelt sollte wahrlich aufleben, wenn ein kluger Fürst dem Zwillingspaar einen würdigen Wirkungskreis erlaubte!"*[36]

Im April 1804 brach die Familie im eigenen zweisitzigen Reisewagen nach Deutschland auf. Auf der Hinterachse des Wagens war die Reisetruhe geschnallt, die erhalten geblieben ist.[37] Die Reise muss mit einem kleinen Kind auf sandigen, steinigen und morastigen Straßen recht beschwerlich gewesen sein. Wilhelm von Kügelgen schilderte sie in seinen Jugenderinnerungen und bezeichnete sich selbst als ständigen Schreihals.[38] Da er noch nicht zwei Jahre alt war, müssen

34 Hellermann 2001a, P 138.

35 Hasse, S. 105.

36 Aus einem Brief Gerhards an Carl vom 14. Januar 1811; Kügelgen 1922, S. 62 f.

37 Heute als Leihgabe des Stadtmuseums Ballenstedt im Kügelgenhaus – Museum der Dresdner Romantik.

38 Werner, Johannes (Hrsg.): *Wilhelm von Kügelgen, Jugenderinnerungen eines alten Mannes,* Leipzig 1924, S. 7 (im Folgenden abgekürzt: Kügelgen, Jugenderinnerungen).

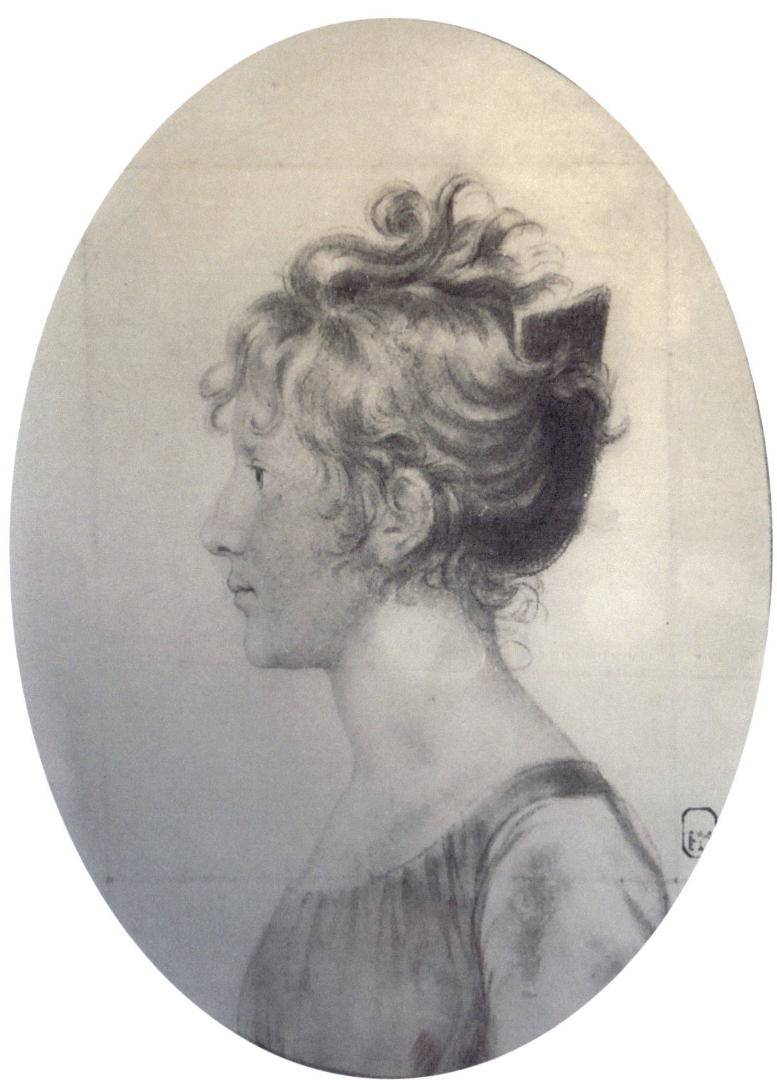

Abb. 25: Gerhard von Kügelgen: *Emilie Zoege von Manteuffel,* 1804, schwarze und farbige Kreide auf Papier © Staatliches Russisches Museum, St. Petersburg

die Erzählungen über diese mühsame Reise in der Familie lange lebendig geblieben sein.

In Berlin wurde im Juli im Hause des Architekten Heinrich Gentz (1766–1811), den Gerhard in Rom kennengelernt hatte, ein längerer Halt gemacht. Kügelgen und seine Frau sahen im Theater Lessings *Nathan der Weise* und Schillers *Jungfrau von Orleans*, deren Inszenierungen Lilla in einem Brief ausführlich beschrieb.[39] Nach

39 Kügelgen 1922, S. 90 f.

diesem Aufenthalt in Berlin wurde Gerhard am 4. September 1804 zum auswärtigen Mitglied der Preußischen Akademie der Künste ernannt.

Im Juli 1804 kam Kügelgen mit seiner Familie bei seiner Mutter in Rhens an, die jetzt bei ihrem Bruder in ihrem ehemaligen Elternhaus lebte. Während seiner Zeit in Rhens kopierte Gerhard von Kügelgen für sich die Porträts seiner Urgroßeltern und anderer Verwandten: „*Er hat eine Arbeit beinah vollendet, die mich sehr beglückt und auch Dir viel Freude machen wird. Er hat sich viele der alten Familienporträts ins Kleine kopiert, die mir alle äußerst interessant sind.*“[40][Abb. 2 u. 3]

Gerhard beschrieb Carl, der zu dieser Zeit im Auftrag des Zaren die Krim bereiste, wie verändert und verarmt er ihre Heimatstadt Bacharach und Bonn durch die französische Besatzung gefunden habe. An den Staatsrat Wilhelm von Uhden (1763–1835), den er in Rom kennengelernt und porträtiert hatte, schrieb er: „*Ach! Ich kann mich gar nicht daran gewöhnen, mein schönes Vaterland in den Händen einer so von grund aus verderbten Nation zu wissen. Wer nicht mit eigenen Augen den Jammer und das Verderben ansieht, was diese fremden Menschen über uns gebracht haben, der kann es nicht glauben.*“[41]

Trotz seiner Erbitterung über Frankreich besuchte Kügelgen von Rhens aus für 18 Tage Paris, um die Ausstellung der von Napoleon aus Italien geraubten Kunstschätze anzusehen und sich in der Kunstausstellung im September über neue Strömungen in der Kunst zu informieren. Er sah im Salon 1804 Werke von Jean Baptiste Isabey (1767–1855), Jean Jacques Augustin (1759–1832), Narcisso Guerin (1774–1833) und Jacques Louis David (1748–1825).[42] Doch der Kunstgeschmack der Pariser gefiel ihm nicht, nur das Ballett in der Oper begeisterte ihn: „*Man kann wirklich das Talent nicht genug bewundern, was diese Nation in den Beinen hat* [...].“[43]

Nach seiner Rückkehr nach Rhens schrieb er im Oktober einen Brief über seine Pariser Eindrücke an Carl: „*Das ist Dir einmal ein albernes Volk, die Pariser. Verstand mögen sie wohl recht viel haben, aber keinen schlichten Menschenverstand und an Sinn mag es ihnen auch nicht fehlen, aber gewiß an Kunstsinn. Es ist unbegreiflich, wie diese Menschen bei den herrlichen, aus Italien geplünderten Vorbildern dennoch so ketzerische und abgeschmackte Kunstsachen in die Welt hecken. Das Beste, was ich sah, war nach der Weise der Niederländer, aus der Alltagswelt aufgegriffen und in seiner Art recht gut. Im großen und erhabnen Stile war in der letzten Ausstellung, außer fünf kleinen Zeichnungen von Girodet, auch nichts von Bedeutung. Das Beste, was ich von David sah, waren seine Horatier, die er noch in Rom malte, obgleich auch dieses Bild die Theaternatur nicht verleugnen kann.*“[44]

In diesem Briefabschnitt ist besonders die teils positive, teils negative Beschreibung der Horatier interessant, denn wie wir sehen werden neigt Kügelgen in seinen späteren Historienbildern selbst zu Theaterposen der Protagonisten.

---

40 Aus einem Brief Helene Maries an ihre Schwester Sophie, Dez. 1804; Kügelgen 1922, S. 102 f.

41 Aus einem Brief vom 26. Juli 1804, Hellermann 2001a, S. 302.

42 Becker, Wolfgang: *Paris und die deutschen Maler 1750–1840*, München 1973, S. 352.

43 Aus einem Brief an Helene Marie vom 14. September 1804; Hasse, S. 116.

44 Aus einem Brief an Carl von Kügelgen, Oktober 1804; Hasse, S. 121.

Im April 1805 starb plötzlich Kügelgens Mutter. Da ihn nun im Rheinland nichts mehr hielt, entschloss er sich nach langen Überlegungen, sich in Dresden nieder zu lassen, das ihn wegen seiner Kunstschätze anzog.

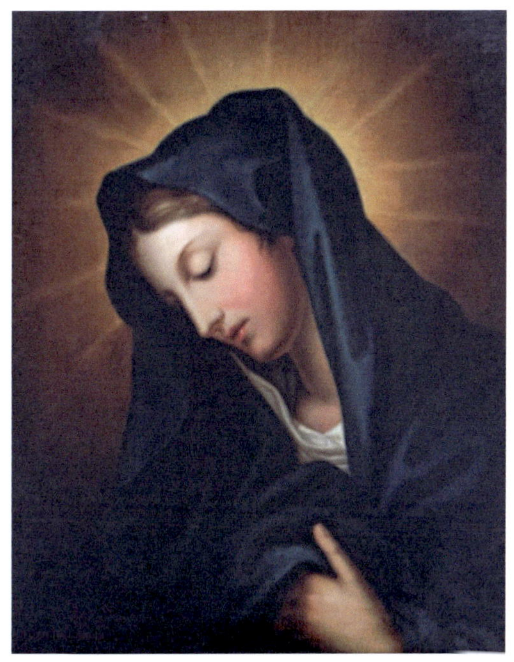

Abb. 26: Gerhard von Kügelgen: *Die Madonna mit dem blauen Schleier*, Öl auf Leinwand © Museen der Stadt Dresden, Städtische Galerie Dresden, Foto: privat

Im April 1805 verließ die Familie Rhens. Sie reisten über Weimar und wurden im Schloss von der Erbprinzessin empfangen, der dritten Tochter Zar Pauls I., die Gerhard in Pawlowsk porträtiert hatte.[45] Während er mit der Prinzessin sprach, konnte seine Frau ihn nicht begleiten, da sie einen schrecklichen Husten hatte, dafür aber die Zimmer der Prinzessin besichtigen durfte:[46] *„Ihr Schlafzimmer ist mit brauner Seide tapeziert, in den Fenstern stehen vier Behälter mit Glasdeckeln, jedes so groß wie eine breite Bank, ganz gefüllt mit Brillanten, die jeder besehen darf.*“[47]

Maria Pawlowna hatte 1804 den Erbprinzen von Sachsen-Weimar geheiratet. Ihr kostbarer Brautschatz wurde anlässlich ihrer Hochzeit in neun Räumen des Schlosses ausgestellt und konnte von jedermann bestaunt werden. Die Bewohner Weimars waren, wie Lilla, von der Pracht der Kostbarkeiten geblendet. In ihrem Trousseau befand sich auch das Porträt ihrer Mutter als Witwe [Abb. 21] und andere Bilder Kügelgens.[48]

Die Erbprinzessin lud Gerhard von Kügelgen mehrfach zur Tafel ein, und er nahm auch an den Privatabenden des Herzogs teil, der ein *„sehr geistreicher Herr ist*“.[49] Maria Pawlowna blieb Kügelgen auch später verbunden. 1814 kaufte sie von dem Maler das Bilderpaar *Madonna mit dem blauen Schleier* [Abb. 26] und *Der rosenbekränzte Engel der Verkündigung*.[50]

45 Hellermann 2001a, P 116 u. 97.

46 Aus einem Brief Helene Maries an ihre Mutter vom 11. Mai 1805; Kügelgen 1922, S. 107.

47 Ebd.

48 *„Ihre kaiserliche Hoheit“. Maria Pawlowna Zarentochter am Weimarer Hof*, München 2004, Abb. 183.

49 Aus einem Brief an Carl vom 21. Januar 1809; Kügelgen 1922, S. 147.

50 Hellermann 2001a, H 135 u. 136.

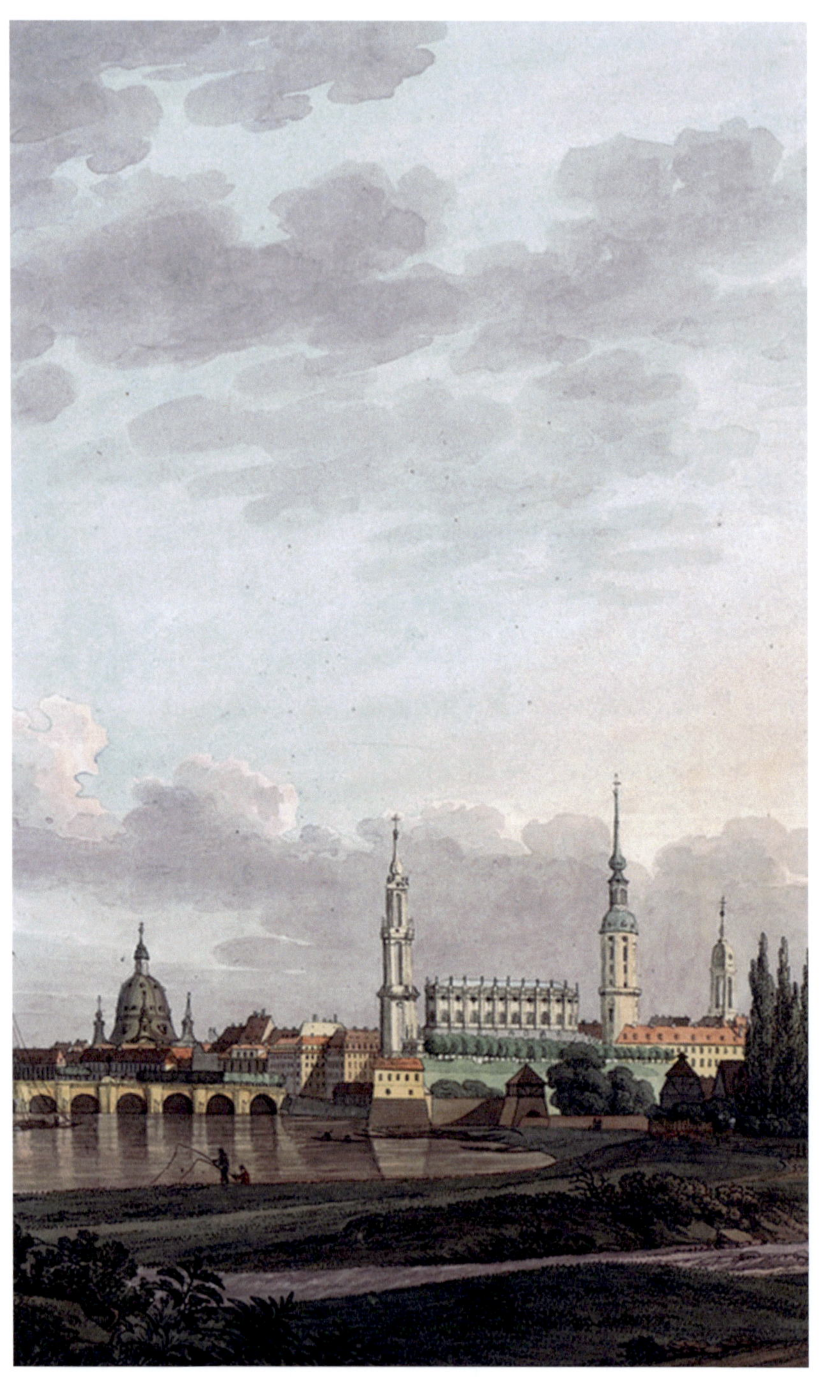

Abb. 27: Unbekannter Künstler: *Dresden um 1820,* Aquarell
© SLUB Dresden/Deutsche Fotothek

Die ersten Jahre in Dresden

Die Familie Kügelgen wohnte in Dresden zunächst etwas außerhalb der Stadt in der ersten Etage des Tepmannschen Hauses in der Halben Gasse vor dem Seetor. Lilla beschrieb in einem Brief an ihre Schwester Sophie die Wohnung: *„Die Wohnstube hat bloß grüne Wände, und Gerhards Miniatur-Gemälde nehmen sich gut auf diesem Grunde aus–zwei Fenster, die beide nach dem Garten gehen, mit dem Blick auf die Kreuzkirche–vor dem einen Fenster außerhalb ein Blumenbrett mit einer kleinen Galerie. Da stehen fünfundzwanzig Blumentöpfe, so daß, wenn ich das Fenster öffne, das Zimmer selbst wie ein Garten aussieht und mir ein herrlicher Geruch von Rosen, Nelken und Reseda entgegenströmt.*“[51]
Der Maler hatte in dieser Wohnung keinen eigenen Arbeitsraum, sondern benutzte diese Wohnstube als Atelier.
Dresden war für einen autonomen Künstler wie Kügelgen ein idealer Wohnort. Die Gemäldegalerie im Stallgebäude am Jüdenhof (heute Verkehrsmuseum), die Mengs'sche Abgusssammlung, die Antiken- und Kupferstichsammlung, die Akademie mit ihren jährlich stattfindenden Ausstellungen und ein von einem großen Kreis von Schriftstellern geprägtes Geistesleben boten ihm vielfältige Anregungen, die er von Anfang an eifrig nutzte. Schon im Oktober 1805 schrieb er seinem Bruder, wie nützlich der Aufenthalt in Dresden für seine künstlerische Weiterbildung wäre. Er plane nun, für längere Zeit in Dresden zu leben.[52]
Hier gab es schon seit einigen Jahren öffentliche Vorlesungsreihen, die Kügelgen regelmäßig besuchte: *„Männer von Fach und von Einsicht hielten namentlich während des Winters Vorträge, wodurch in allen, für solche geistige Anregung empfänglichen Zuhörern der Sinn geweckt und geschärft werden konnte für jene augenfälligen Lichtpunkte im Gebiete der Wissenschaft und der Kunst, welche der Beachtung am meisten wert und von eigentümlich anziehendem Reize sind. An dem Genusse und an der Belehrung welche diese Vorträge gewährten, nahmen Männer wie Frauen aus den verschiedensten gebildeten Ständen, der hohe Adel wie Künstler und Gelehrte einen lebhaften Anteil.*“[53]
Der Autor dieses Textes war der Naturphilosoph Gotthilf Heinrich Schubert, (1780–1860) der von 1806 bis 1808 mit seiner jungen Frau in Dresden im selben Haus wie Kügelgen lebte. In seiner Autobiografie schilderte er ausführlich Kügelgens Persönlichkeit und den Kreis der Menschen, mit denen die Familie Kügelgen verkehrte.
Noch vor Schubert hatten der Archäologe Carl August Böttiger (1760–1835) [Abb. 28] und der Gesellschafts- und Staatswissenschaftler Adam Heinrich Müller (1779–1829) Vorlesungsreihen begonnen. Böttiger sprach über die Kunst und das Familienleben bei den Griechen und Römern und Müller über deutsche Literatur und die Idee des Schönen. Die Vorlesungen fanden im Saal

51 Kügelgen 1922, S. 109.
52 Ebd., S. 112 f.
53 von Schubert, Gotthilf Heinrich: *Der Erwerb aus einem vergangenen und die Erwartungen von einem zukünftigen Leben,* Bd. 2, Erlangen 1855, S. 226 f.

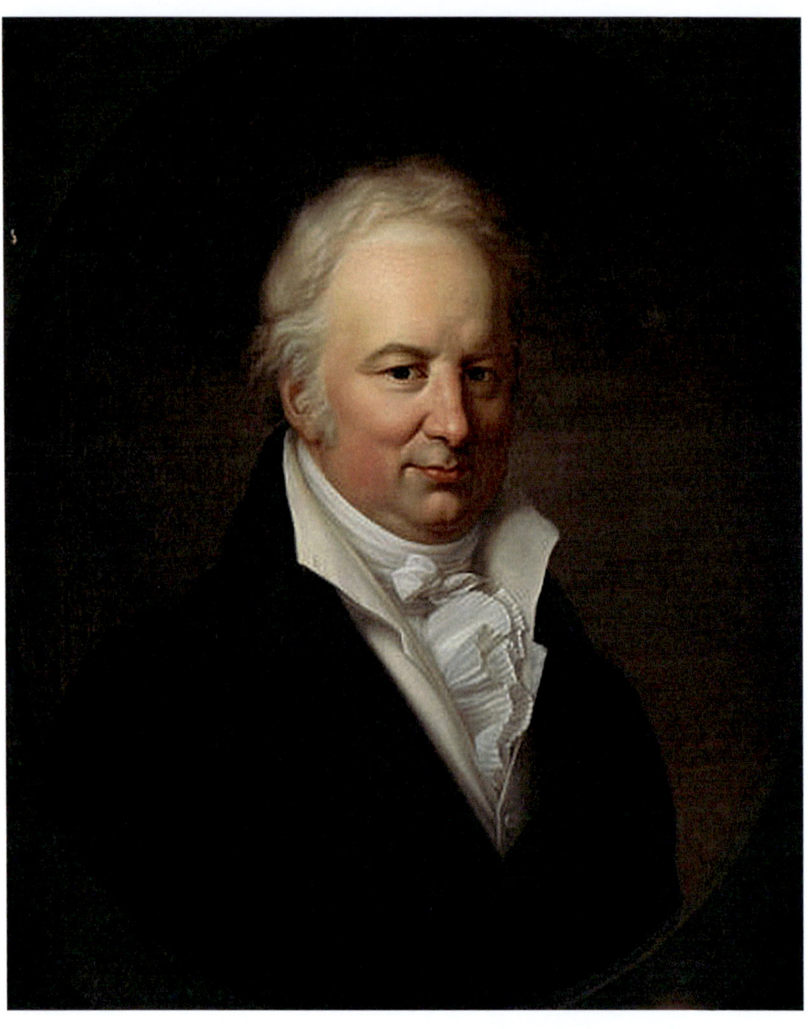

Abb. 28: Gerhard von Kügelgen: *Carl August Böttiger,* Öl auf Leinwand © Wikimedia

des Hotel de Pologne oder des Rittmeisters Carl Adolf von Carlowitz (1771–1837) statt, der mit Müller befreundet war. Die Zuhörer dieser Vorlesungen bildeten einen geschlossenen Kreis, der die Referenten großzügig honorierte. Es sind aber nicht nur die Inhalte der Vorlesungen gewesen, die Kügelgen Anregungen gegeben haben, sondern auch die Gespräche, die er mit den Referenten und Zuhörern führen konnte. Schuberts Vorlesungen zur Seelenkunde regten den Maler zu dem allegorischen Zyklus der Leiden und Freuden des menschlichen Schicksals in Einzelgestalten an. Der Zyklus begann mit der Darstellung der *Begeisterung*, die in der einen Hand eine Lyra trägt und mit der anderen das Chaos bändigt [Abb. 29]. Kügelgen schrieb eine Erklärung zu den ersten drei Bildern, in der es über dies Bild heißt: „*Diese Figur hat die Bestimmung den Anfang und Eingang zu einem Cyclus von Bildern zu machen, in welchem des Lebens Freuden und Leiden dargestellt werden sollen, und hat hier die Bedeutung als punctum saliens–als Urkraft alles werdens.*“[54]

Auf *Die Begeisterung* folgte *Der Genius des Bösen oder des Krieges*, dargestellt als nackter, schwebender Teufel mit Fledermausflügeln, der Schlangen in den Händen hält und um dessen Bein sich ein Drachen mit Schlangenleib windet, das Symbol des Bösen. Ihm folgt *Der Genius des Guten oder des Friedens,* dargestellt als schwebende Gestalt mit Schmetterlingsflügeln, die in der Hand einen Lilienstängel trägt. Er schwebt über der Weltkugel, auf der sich eine Schlange im Todeskampf windet. Den beiden Genien folgte Pandora,

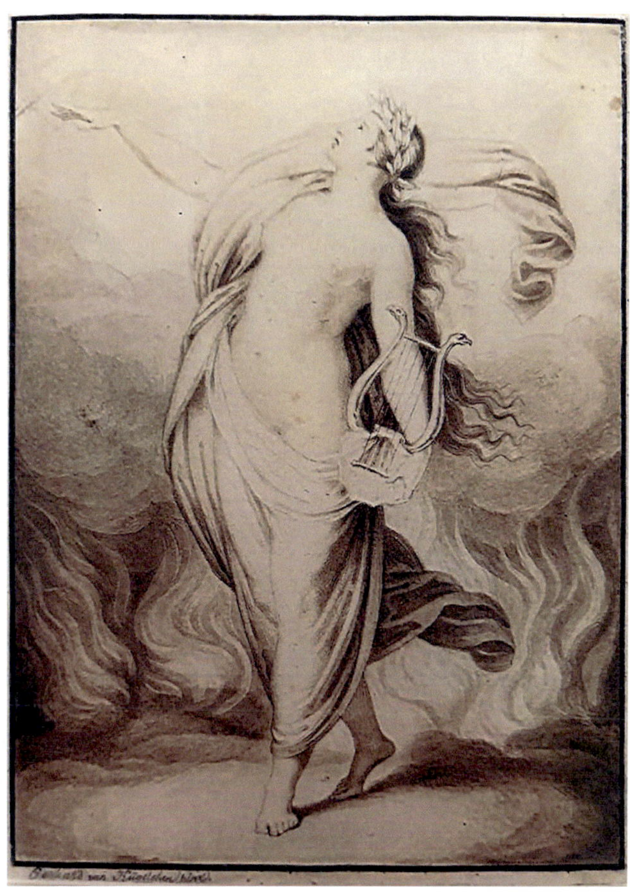

Abb. 29: Gerhard von Kügelgen: *Die Begeisterung*, 1808, Feder und braune Tinte auf Karton © Privatbesitz

54 Hellermann 2001a, S. 107.

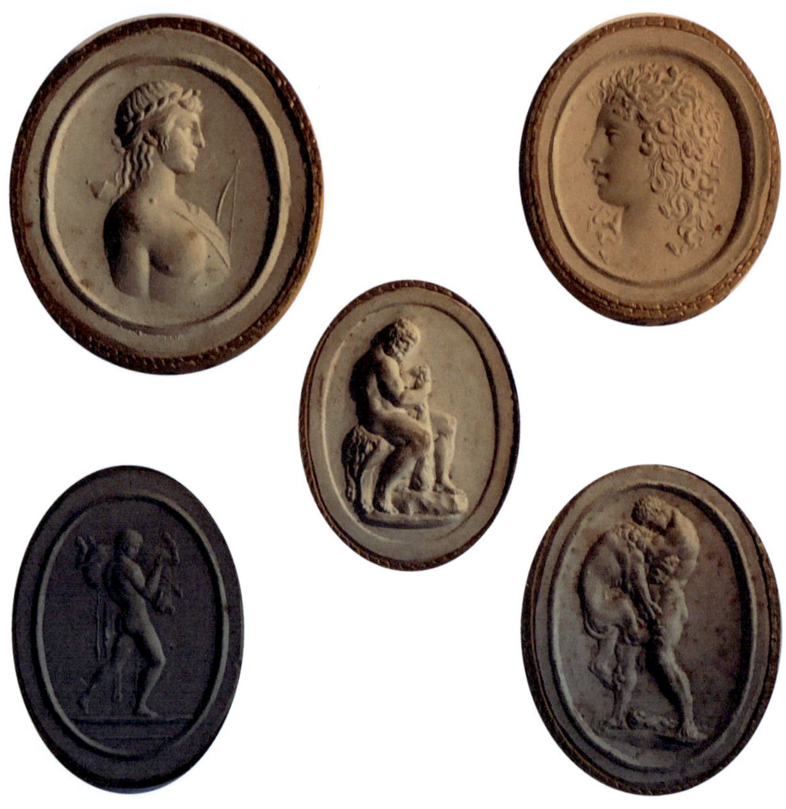

Abb. 30: Beispiele aus Kügelgens eigener Daktyliothek © Privatbesitz, Foto: Petra Flath

die mit schreckgeweiteten Augen aus ihrer Büchse das Unglück über die Welt kommen sieht. Die weiteren Gestalten des Zyklus sind die klagende Ariadne, der verlassene Philoktet, der an den Felsen geschmiedete Prometheus und die ebenfalls an einen Felsen geschmiedete Andromeda. Diese acht Einzelfiguren malte Kügelgen als Ölbilder, von denen sich heute nur zwei im Original nachweisen lassen.[55] Die Bilder erregten starkes Interesse und wurden in mehreren Journalen besprochen. Um sie einem breiteren Publikum zugänglich zu machen zeichnete Kügelgen um 1810 ihre Umrisse [Abb. 31 u. 32], die von Johann Gottlieb Seyffert (1761–1824) in Dresden gestochen wurden. 1810 sandte der Maler die Reproduktionen seiner Umrisszeichnungen nach dem Zyklus an Goethe in Weimar.

Es sind aber nicht nur die Abhandlungen von Schubert, die Kügelgen in diesem Zyklus aufgriff, sondern auch die Vorträge von Adam Heinrich Müller. Bevor er sich 1806 in Dresden niederließ, hatte Müller in Berlin seine Frag-

55 Hellermann 2001a, P 85 u. 87.

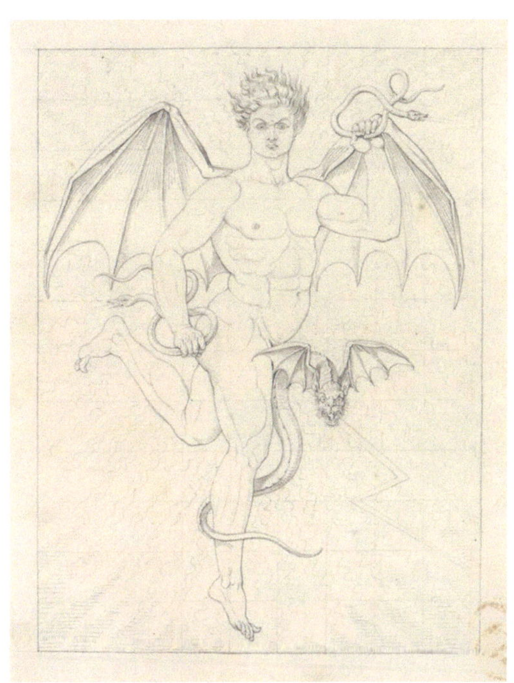

Abb. 31: Gerhard von Kügelgen: *Genius des Bösen oder des Krieges*, um 1810, Graphit auf Papier © Staatliche Kunstsammlungen Dresden, Kupferstichkabinett

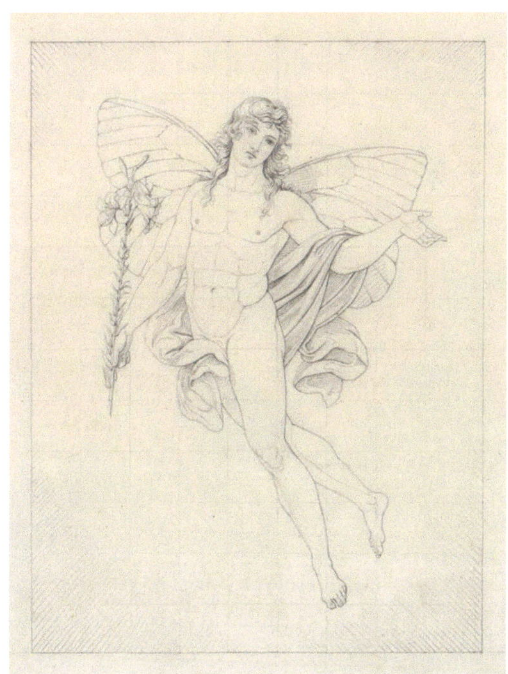

Abb. 32: Gerhard von Kügelgen: *Genius des Guten oder des Friedens*, um 1810, Graphit auf Papier © Staatliche Kunstsammlungen Dresden, Kupferstichkabinett

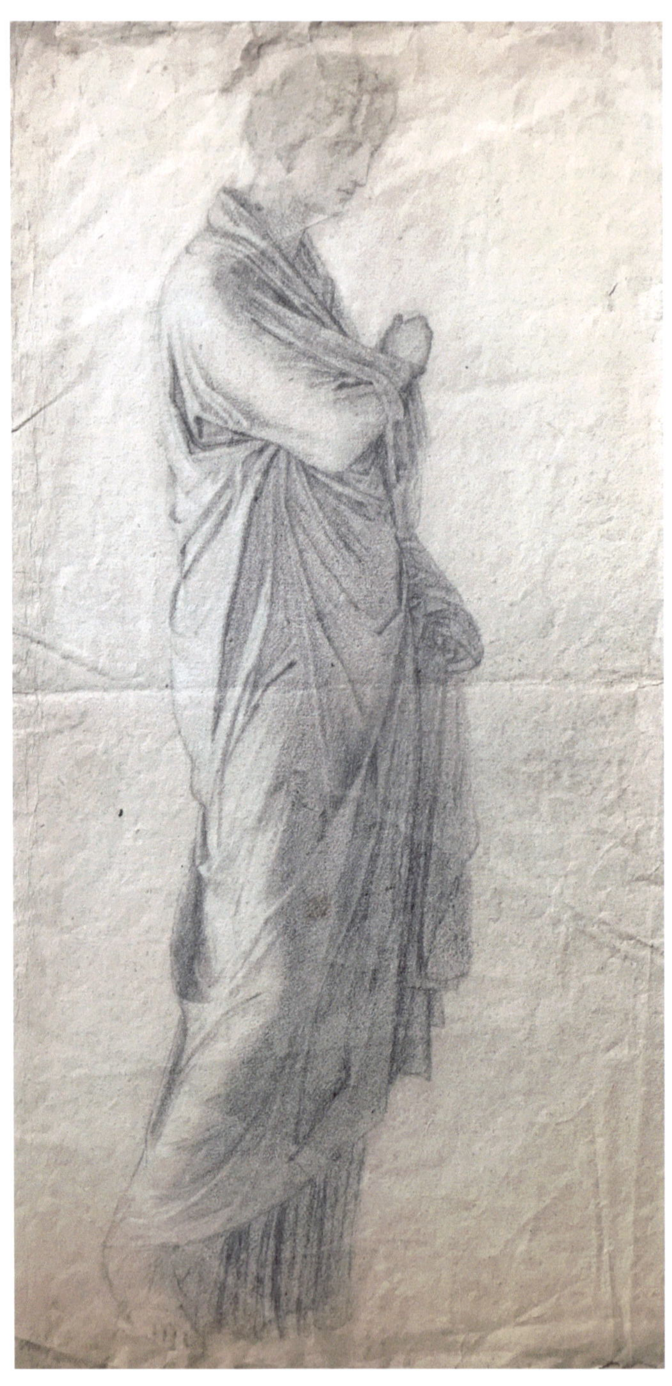

Abb. 33: Gerhard von Kügelgen: *Die kleine Herkulanerin,* Zeichnung
© Privatbesitz

ment gebliebene Lehre von den Gegensätzen veröffentlicht. Analog zu den mathematischen Begriffen *Positiv und Negativ* behandelte er Gegensätze wie *Raum und Zeit* oder *Natur und Kunst*. Die Idee, alle Ebenen des menschlichen Lebens durch Gegensätze zu erklären und philosophische Begriffe durch das gleichzeitige Betrachten ihres Gegensatzes verständlich zu machen, war auch die Grundlage für Müllers Dresdner Vorlesungen. Mit den Personen des Zyklus' griff Kügelgen dieses Prinzip auf, um anschaulich zu machen, wie unterschiedlich im Kampf mit dem Schicksal sich hilfeflehende Klage im weiblichen und tief verschlossener Schmerz im männlichen Charakter zeigt. Es war ihm bewusst, dass diese Ideen verloren gingen, wenn ein Zyklus auseinandergebrochen wurde: „*Es ist mir eine recht widrige Idee, daß meine Bilder so zersplittert werden. Da wird man hier und da in einer Galerie ein Einzelnes erblicken und nach dem Einen frischweg den ganzen Menschen beurtheilen, der es gemacht hat.*“[56]

Während das Konzept dieses Bilderzyklus' den Einfluss der Vorträge von Schubert und Müller erkennen lässt, zeigt die Darstellung der Personen, welche Bedeutung die Vorlesungen des Archäologen Carl August Böttiger und seine Führungen durch die Antiken- und Abdrucksammlung Raphael Mengs' für Kügelgen hatten. Die Protagonisten wie Philoktet oder Ariadne haben deutlichen Bezug zu den Abdrücken geschnittener Steine aus Kügelgens eigener Abdrucksammlung (Daktyliothek), die sich in Resten erhalten hat [Abb. 30]. Böttiger hielt im Winter 1806 eine Vortragsreihe mit dem Titel *Andeutungen zu vierundzwanzig Vorträgen über die Archäologie*. In der 20. Vorlesung beschrieb er, dass die antiken griechischen Künstler selbst ungeheuer idealisiert hätten. Er zitiert darin eine Beschreibung des römischen Archäologen Ennio Quirino Visconti (1751–1818) über den verständigen Gebrauch zierlicher Schlangenwindungen, die sich wie eine Beschreibung des Drachen am Bein des Genius des Bösen liest. [57]

Bisher lässt sich zumindest ein Beispiel nachweisen, dass Kügelgen, angeregt durch Böttiger, nun auch Skizzen nach den Dresdner Antiken Skulpturen zeichnete und damit in gewisser Weise eine Phase akademischer Ausbildung nachholte, die ihm fehlte, da er keine Akademie besucht hatte. Er zeichnete die sogenannte Kleine Herkulanerin, eine weibliche Statue nach griechischem Vorbild von der Front des Theaters in Herkulaneum [Abb. 33], die 1736/37 mit ihrem Gegenstück, der Großen Herkulanerin von dem sächsischen Kurfürsten Friedrich August II. erworben worden war.[58] Der nur flüchtig angedeutete Kopf der Statue macht deutlich, dass die Zeichnung eine Gewandstudie für Kügelgen war.

56 Aus einem Brief vom 5. Mai 1809 an seinen Bruder Carl, zit. nach Hasse, S. 231.

57 Böttiger, Carl August: *Andeutungen zu vier und zwanzig Vorträgen über die Archaeologie im Winter 1806*, Dresden 1806, S. 149 (im Folgenden abgekürzt: Böttiger).

58 Dehner, Jens (Hrsg.): *Die Herkulanerinnen. Geschichte, Kontext und Wirkung der antiken Statuen in Dresden*, Dresden o. J., S. 37.

Die Galerie berühmter Zeitgenossen

Mit allen Referenten der Dresdner Vorlesungen hatte der Maler über die Vorlesungen hinaus persönlichen Kontakt. Obwohl er immer wieder betonte, wie erleichtert er wäre, der Fron der Porträtmalerei entkommen zu sein und sich ausschließlich auf die Historienmalerei konzentrieren zu können, malte er für sich eine Galerie seiner literarischen Freunde und Zeitgenossen. Die Dargestellten sollten ihn beim Malen an ihre Ausführungen in den Vorlesungen und gemeinsame Gespräche erinnern und inspirieren. Vorbild war auch hier Angelika Kauffmann, bei der er in Rom eine ähnliche Galerie gesehen hatte. Er übernahm auch den Typus der Porträts von Angelika Kauffmann. Es sind Brustbilder im Hochoval vor neutralem Hintergrund ohne Hinweis auf den Beruf der Dargestellten. Um dem Maler die Möglichkeit der Zwiesprache mit ihnen zu geben, haben fast alle Blickkontakt mit dem Betrachter.

Kügelgen begann mit den Porträts des Kunsttheoretikers Carl Ludwig Fernow (1763–1808), den er in Rom kennengelernt hatte. Fernow hatte dort Vorlesungen über Ästhetik und Kantsche Prinzipien gehalten, an denen die Zwillinge teilgenommen hatten. Von 1804 bis zu seinem Tod war Fernow Bibliothekar der Herzogin Anna Amalia in Weimar. Er war seit ihrer gemeinsamen Zeit in Rom mit Kügelgen in Verbindung geblieben und äußerte sich mehrfach kritisch und konstruktiv zu seinen Bildern.1806 besuchte er Kügelgen in Dresden und wurde von ihm porträtiert. Es gibt zwei Fassungen des Bildes, ein Pastellbild, das Fernow Johanna Schopenhauer (1766–1838) schenkte, und ein Ölbild [Abb. 34].[59] Die leicht gerunzelten Augenbrauen, das leise Lächeln und der in die Ferne gerichtete Blick halten möglicher Weise einen freundschaftlichen Disput während der Sitzungen fest. Es zeigt mit der Kopfhaltung und der Blickrichtung über die linke Schulter deutliche Übereinstimmungen mit Angelika Kauffmanns Porträt von Johann Joachim Winckelmann (1717–1768) von 1764 – Kügelgen stellte damit Fernow auf eine Stufe mit dem überragenden Gelehrten Winckelmann.

Auf das Porträt von Fernow folgten in dieser Galerie berühmter Zeitgenossen die Bildnisse des dänischen Dichters Adam Gottlieb Oehlenschläger (1779–1850), der sich 1806/7 längere Zeit in Dresden aufhielt und Müllers Vorlesungen besuchte, und Kügelgens Freunde Adam Heinrich Müller und Johann Gottfried Seume (1763–1810) [Abb. 35].[60] Diese vier Bilder sandte Kügelgen Anfang 1807 nach Weimar zu Fernow, der sie im Salon seiner Freundin Johanna Schopenhauer ausstellte. Sie lebte seit 1806 in Weimar und hatte es sehr schnell verstanden, zweimal wöchentlich einen Kreis von schöngeistigen Menschen zu Teeabenden um sich zu versammeln. Diese Abende waren frei von höfischer Etikette. In ihrem Mittelpunkt standen Gespräche über das Neueste in Kunst, Literatur, Wissenschaft und Politik. Zu ihrem Erfolg trug wesentlich bei, dass sich Goethe in diesem Kreis wohlfühlte und regelmäßig daran teilnahm.

59 Hellermann 2001a, P 179 und 180.

60 Ebd., P 180–183.

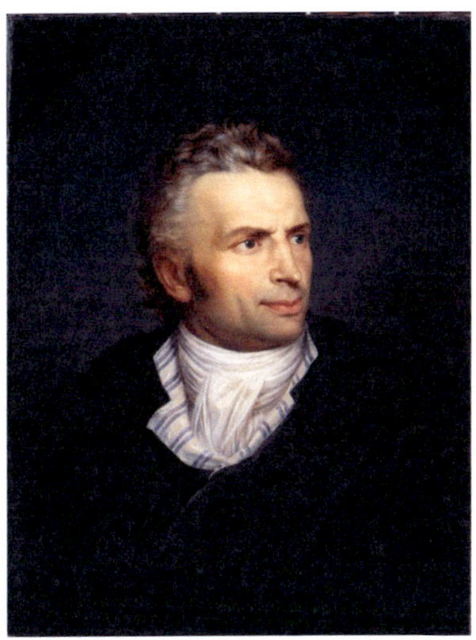

Abb. 34: Gerhard von Kügelgen: *Carl Ludwig Fernow,* 1807, Öl auf Leinwand © Staatliche Kunstsammlungen Dresden

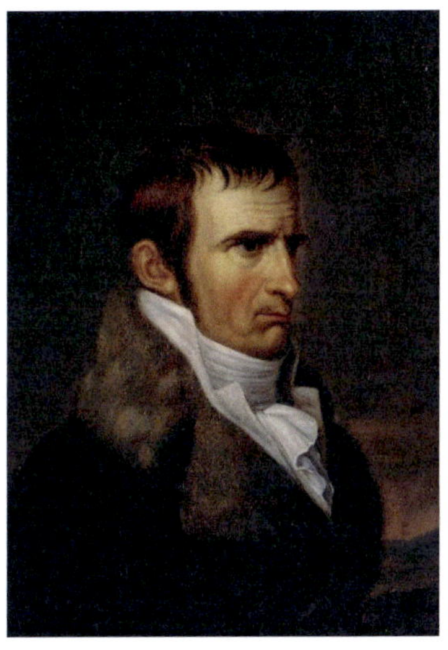

Abb. 35: Gerhard von Kügelgen: *Johann Gottfried Seume,* 1807, Öl auf Leinwand © Klassik Stiftung Weimar

Es mag Zufall gewesen sein, erwies sich aber als nützlich, dass Kügelgen genau vier Porträts zusammenstellte, die sich schon durch ihre Zahl zu Diskussionen anboten. Man verglich die vier Männer mit den vier Temperamenten, den vier Jahreszeiten oder den philosophischen Seelen. Danach war Fernow mit der lebhaftesten Mimik der Choleriker, oder der Herbst, oder der Aristoteliker. Müller wurde als Phlegmatiker, als Sommer oder Platoniker, Oehlenschläger als Sanguiniker, als Frühling oder Epikuräer und Seume als Melancholiker, Winter oder Stoiker betrachtet. Diese Interpretationen der vier Porträts entsprachen dem schon erwähntem Bestreben des Malers, abstrakte Begriffe bildlich zu machen und werden ihn erfreut haben.

Goethe sah die Bildnisse mit Interesse und wünschte, mehr von Kügelgens Bildern zu sehen. Fernow schrieb dem Künstler: „*Göthe ist ganz vorzüglich befriedigt und zufrieden, sowohl über die technische Vollendung, welche den viel geübten Künstler zeigt, als auch über das Charakteristische, was in jedem Bilde so glücklich aufgefaßt und als Einheit durchs Ganze gehend ausgedrückt ist. Vorzüglich gefällt ihm die Individualität des Colorits in jedem Kopfe, so wie die Bestimmtheit der Formen, die Kügelgen besonders in Fernow's Kopfe beobachtet hat.*“[61] In seinen Tag- und Jahresheften notierte Goethe über die Porträts: „*Nicht leicht hatten sich vier so ausdrucksvolle, bedeutende Physiognomien in größter Verschiedenheit, ja in Gegensätzen ausgesprochen.*“[62]

61 Hasse, S. 179 f.

62 *Johann Wolfgang von Goethe*, Bd. XI, München 1977, S. 985.

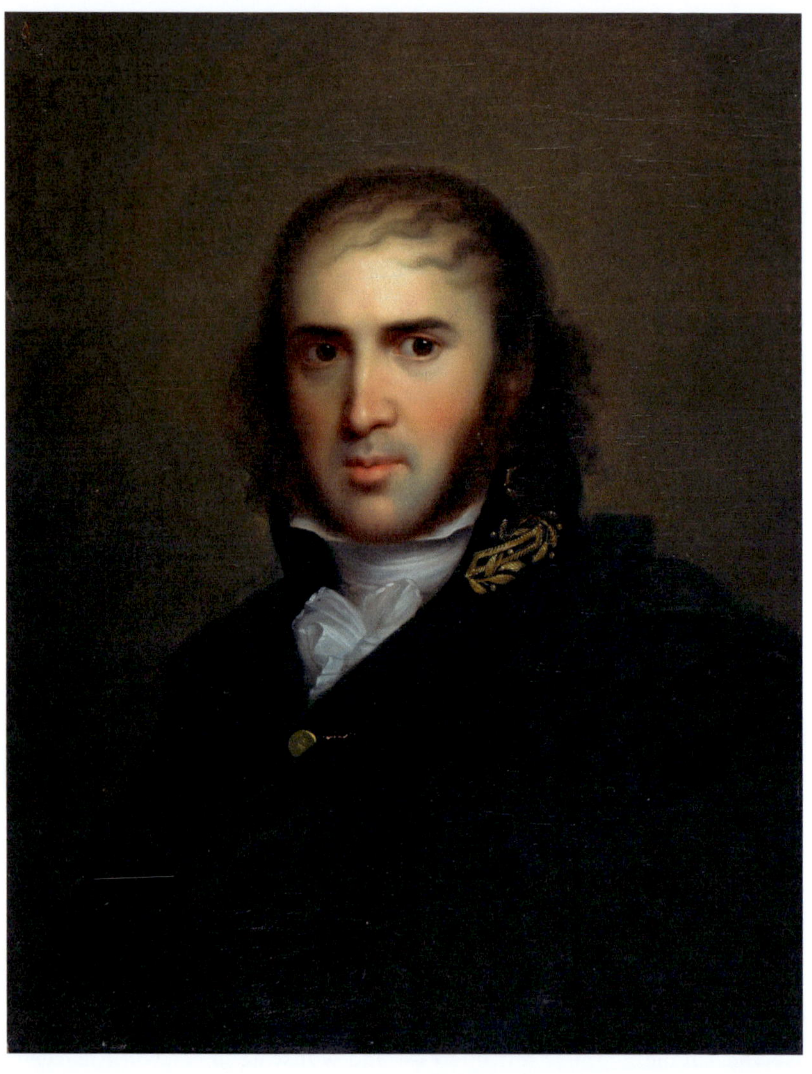

Abb. 36: Gerhard von Kügelgen: *Carl Simon Morgenstern*, 1808/09, Öl auf Leinwand, 71 × 55,5 cm

In allen Rezensionen, die sich mit den vier Porträts beschäftigten, wurde Fernows Bildnis besonders hervorgehoben.

Danach porträtierte Kügelgen unter anderem für seine Galerie Gotthilf Heinrich Schubert (1780–1860),[63] den preußischen General und Schriftsteller Johann Jacob Otto August Rühle von Lilienstern (1780–1847)[64] und seinen Freund, den Dorpater Altphilologen und Professor der Beredsamkeit Carl Si-

63 Hellermann 2001a, P 194.

64 Ebd., P 215.

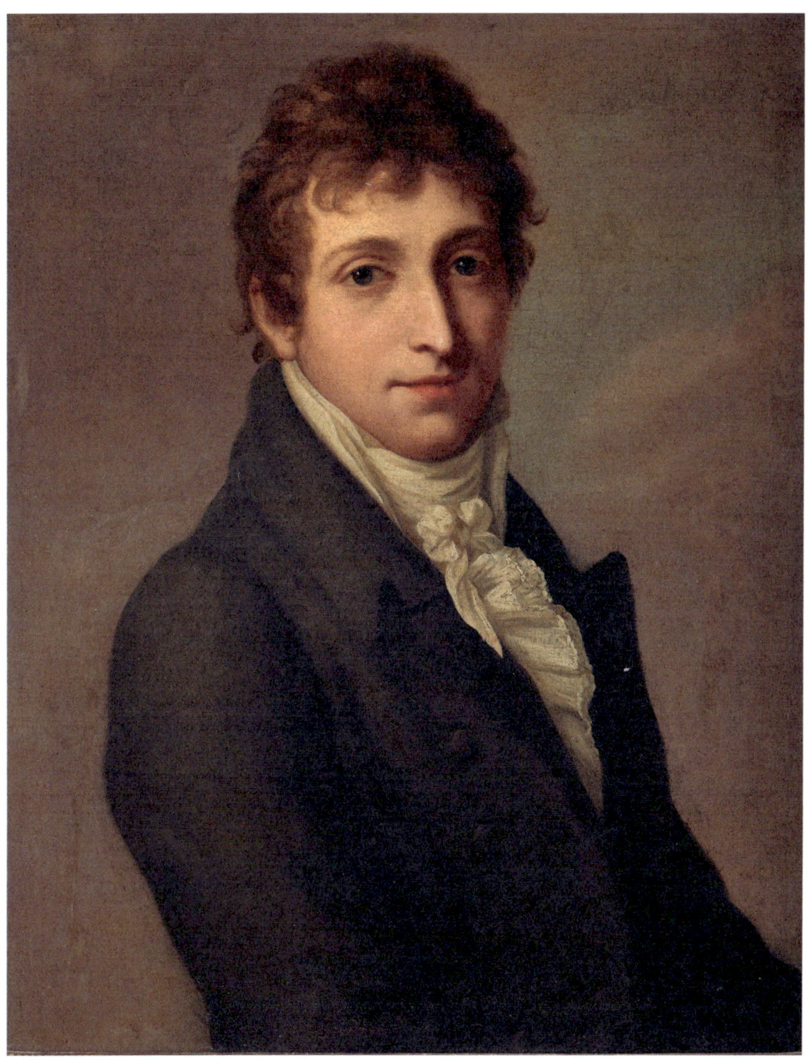

Abb. 37: Gerhard von Kügelgen: *Johann Wilhelm Leis*, 1808, Öl auf Leinwand, © Museen der Stadt Dresden, Städtische Galerie Dresden

mon Morgenstern (1770–1852), der Dresden im Herbst 1808 auf dem Weg nach Italien für zwei Wochen besuchte. Morgenstern beschrieb in seinen Aufzeichnungen, die ein lebendiges Bild des Kunst- und Geisteslebens in Dresden geben und im folgenden Text noch mehrfach zitiert werden, die Sitzungen für das Porträt [Abb. 36]: *„Ich saß ihm wohl xMal und ein paar Mal etwa drey bis vier Stunden hintereinander. Diese Sitzungen hatten darum nichts Lästiges, weil zwey Freunde einander gegen übersaßen, u. aufs eifrigste sich einander mitteilten. Kurz vor meiner Abreise hatte K. meinen Kopf in Oel vollendet. Mantel und*

Nebensachen wollte er dem Brustbild später hinzufügen. Böttiger sah den Kopf, als K. ihn eben vollendete, mir gegenüber u. urtheilte, wie ich selbst, das Portrait leiste alles Mögliche. So bin ich wirklich.“[65]

Morgenstern notierte sich, dass Müller wegen seines Verhältnisses zu einer verheirateten Frau bei Kügelgens sittenstrenger Frau nicht willkommen war und deshalb sein Porträt nicht in der Galerie berühmter Zeitgenossen bleiben durfte, sondern verkauft wurde.[66]

Auch der Literat Johann Wilhelm Leis (1768–1808) lebte wie die Familien Kügelgen und Schubert im Tepmannschen Haus. Er kannte Kügelgen seit dessen Petersburger Zeit, wo er Erzieher der Kinder des Arztes Konrad Stoffregen gewesen war. Wie Helene Marie von Kügelgen in ihren Briefen an ihre Schwester und Wilhelm in seinen Jugenderinnerungen schrieb, bestand ein enger Kontakt zwischen der Familie Kügelgen und Leis [Abb. 37]. Mit seiner leichten Drehbewegung des Oberkörpers scheint der Dargestellte sich spontan dem Betrachter zuzuwenden und lässt so den regen Austausch zwischen ihm und dem Maler erkennen.

Leis war ein vielseitig interessierter Mann, der sich schnell für alles Neue begeistern konnte und sich vehement für die als neuartig empfundenen Künstler Kügelgen und Caspar David Friedrich (1774–1840) einsetzte. 1807 erschien von ihm in der *Zeitung für die elegante Welt* eine Besprechung der Kunstausstellung in Dresden, in der Kügelgen die Porträts von Fernow, Müller, Oehlenschläger und Seume zeigte. Leis beschrieb sie als „*mit Geist und tiefer Einsicht gemalt*“, während er die von dem Akademiedirektor Josef Grassi (1757–1838) gemalten Porträts als bloße Schemen bezeichnete.[67] Im *Journal des Luxus und der Moden* erschien daraufhin im April 1807 ein Artikel mit dem Titel „Bloody News! Krieg im Heiligthume der Kunst“, der beschreibt, dass Grassi befohlen habe, Leis, wenn er sich wieder in der Ausstellung sehen ließe, die Treppe hinunterzuwerfen.[68] Noch anderthalb Jahre später wird diese Begebenheit von Morgenstern in Dresden notiert: „*Grassis Charakter muß schlecht seyn, nach dem, was ich darüber hörte. Sein Betragen gegenüber Leis, den er wegen einer zu schlechten Kritik seiner Werke zum Gypssaal hinauswarf, wobey auch Matthäi* [der Direktor der Akademie] *sich schwach zeigte, worüber ein Prozeß entstand, vor dessen Beendigung Leis starb, ist leider gräßlich.*“[69] Leis war nach Grassis Beschimpfungen von Dresden nach Leipzig gezogen. Zu dieser Zeit war er schon schwer krank und starb im Juli 1808.

---

65 Hellermann 2001a, P 200.

66 Hellermann 2001b, S. 79; von Hellermann, Dorothee (Hrsg.): *„Künstlerneid ist auch in Dresden nicht fremd...“. Die Aufzeichnungen Karl Morgensterns zu seinem Aufenthalt in Dresden im Herbst des Jahres 1808*, in: *Jahrbuch Staatliche Kunstsammlungen*, Dresden 2001 (im Folgenden abgekürzt: Hellermann 2001b).

67 *Zeitung für die elegante Welt*, Nr. 53, S. 420 f.

68 *Journal des Luxus und der Moden*, Mai 1807, S. 316.

69 Hellermann 2001b, S. 83.

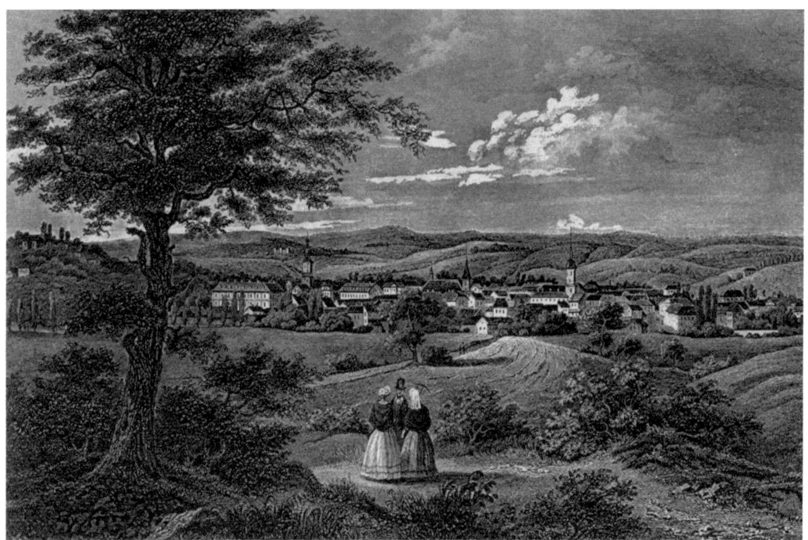

Abb. 38: Unbekannter Maler: *Ansicht von Weimar,* um 1850 © Wikimedia

Aufenthalt in Weimar

1808 erhielt Kügelgen die Nachricht, dass Fernow unheilbar erkrankt war. Sein Freund bat ihn mehrfach dringend, ihn in Weimar zu besuchen. Seine Reise verzögerte sich, da Gerhard von Kügelgen den Sommer mit seiner Familie in Lotzdorf verbrachte, um in Bad Radeberg *„seine schmutzig gewordene Gesundheit rein zu waschen"*[70] und im November noch eine Geschäftsreise nach Polen machte. Der Maler wollte nicht nur Fernow sehen, sondern auch seine Porträtgalerie um die Bildnisse von Johann Wolfgang von Goethe (1749–1832) und Christoph Martin Wieland (1733–1813) erweitern. Doch als er am 7. Dezember 1808 in Weimar ankam, konnte er nur noch an Fernows Beerdigung teilnehmen, bei der er Johanna Schopenhauer kennenlernte.

Schon am nächsten Tag wurde Kügelgen zu Goethes Mittagstafel geladen und bat den Hausherrn, ihn porträtieren zu dürfen. Goethe saß ihm bis zum 21. Januar 1809 viermal in seinem Haus am Frauenplan. Während dieser Sitzungen fertigte Kügelgen zunächst eine Kreidezeichnung [Abb. 39]. Sie zeigt Goethe im Hausrock, ohne Manteldraperie und Orden. Sein Antlitz entspricht mit der kräftigen Nase, den Tränensäcken, der Lippenlinie und dem Doppelkinn der im Oktober 1807 von dem Weimarer Bildhauer Carl Gottlieb Weisser (1779–1815) für den Phrenologen Franz Joseph Gall (1758–1828) abgenommenen Gesichtsmaske.[71] Der Vergleich zwischen Maske und Porträtzeichnung zeigt aber auch,

70 Aus einem Brief an seinen Bruder vom 9. Juli 1808; Hasse, S. 203.

71 Schaeffer, Emil u. Görres, Jörn (Hrsg.): *Goethe. Seine äußere Erscheinung. Literarische und künstlerische Dokumente seiner Zeitgenossen,* Frankfurt 1999, Abb. 40 (im Folgenden abgekürzt: Schaeffer/Görres).

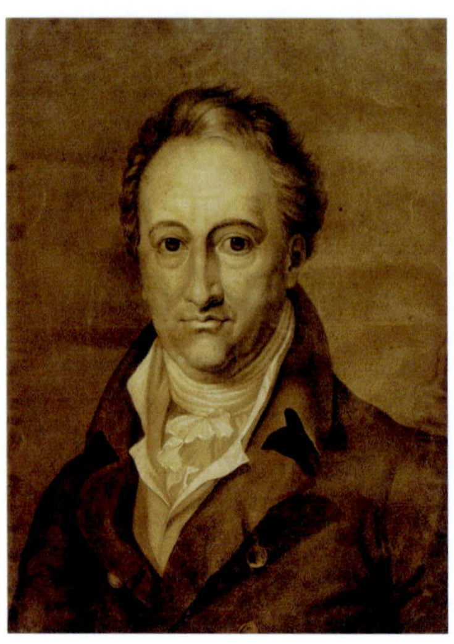

Abb. 39: Gerhard von Kügelgen: *Johann Wolfgang von Goethe*, 1808, Kreidezeichnung auf Papier © Privatbesitz

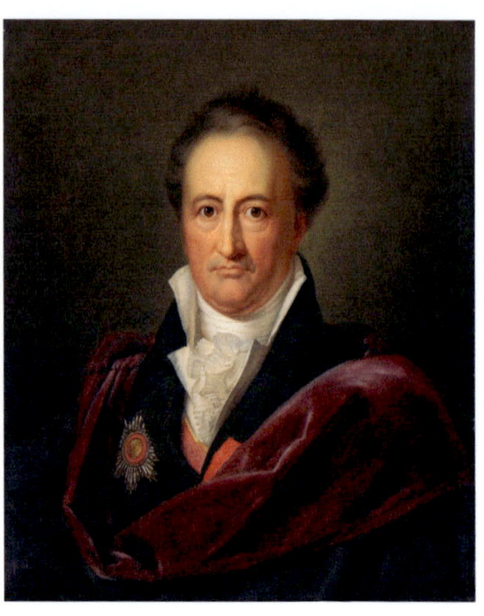

Abb. 40: Gerhard von Kügelgen: *Johann Wolfgang von Goethe*, 1810, Öl auf Leinwand © Deutsches Hochstift Frankfurt am Main, Foto: Wikimedia

dass Kügelgen Goethes Stirn erhöhte. Sie entspricht Böttigers Betrachtung, dass die majestätische Stirn Ausdruck der Weisheit ist: „*Das menschlichste im menschlichen Haupt ist die hohe Stirn. Kein Thier hat sie. Je menschlicher, desto edler gewölbt ist der Himmel der Menschengestalt, Stirn und Schädel.*“[72]

Auch außerhalb der Sitzungen wurde Gerhard noch mehrfach zu Goethe eingeladen. So nahm er am 20. Dezember an einem Teeabend am Frauenplan teil, der für Goethes Frau Christiane großes Gewicht hatte, da es die erste Einladung war, an der sie als Gastgeberin auftrat und bedeutete für sie die offizielle Anerkennung als Goethes Ehefrau. Sie schrieb danach an ihren Sohn, der in Heidelberg studierte: „*denke Dir, wer alles bei uns ist: Ein Herr von Kügelgen, der Deinen Vater malt, der Doktor* [Nikolaus] *Meyer, Herr von Humboldt, Werner, Arnim und noch mehrere Fremde.*“[73]

Kügelgen fasste Goethe in dem Ölbild anders auf, als in der Kreidezeichnung. Der intensive Blick zum Betrachter wich einem eher distanzierten Ausdruck. Der weite Mantel, den der Dichter über seinem Rock trägt, erinnert an die Draperien antiker Porträtbüsten und weist auf seine zeitlose Bedeutung hin. Zu dieser Auffassung der Darstellung passt auch, dass hier nun auf Goethes rechter Schulter halbverdeckt der Bruststern des St. Annen-Ordens mit Ordensband zu sehen ist, der Goethe 1808 von Zar Alexander I. verliehen worden war. Dazu trägt er am Revers das Band der Ehrenlegion. Dieses Goetheporträt fand so viel Anklang, dass Kügelgen es selbst mehrfach mit Pastellkreiden kopierte und seinen Schülerinnen Caroline Bardua (1761–1864) und Therese aus

72 Böttiger, S. 99.

73 Damm, Sigrid: *Christiane und Goethe. Eine Recherche*, Frankfurt 1998, S. 368.

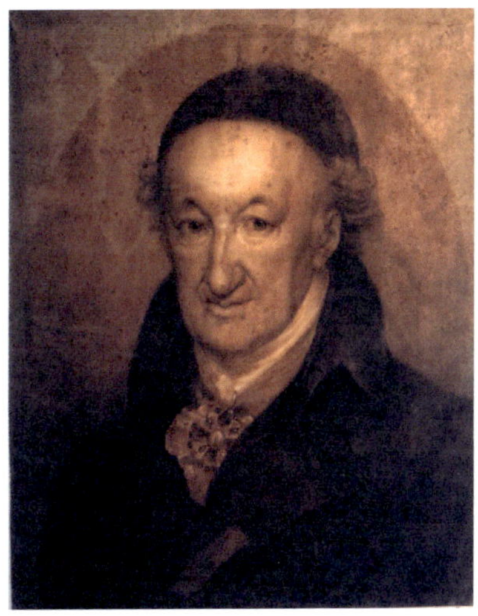

Abb. 41: Gerhard von Kügelgen: *Christoph Martin Wieland,* 1808, Kreidezeichnung auf Papier © Stiftung Weimarer Klassik

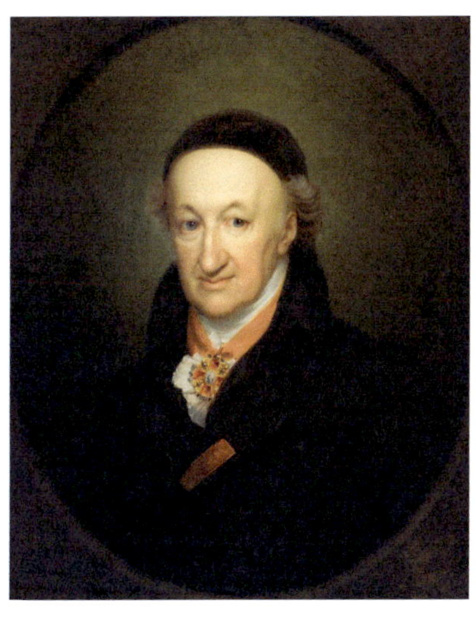

Abb. 42: Gerhard von Kügelgen: *Christoph Martin Wieland,* Öl auf Leinwand © Wikimedia

dem Winckel (1779–1867) und seinem Schüler Carl Adolf Senff (1785–1863) zum Kopieren überließ.[74] Er behielt die erste Fassung des Porträts für sich. Als Goethe sich 1810 in Dresden aufhielt, bestellte er bei Kügelgen für seinen Neffen Johann Friedrich Heinrich Schlosser (1780–1851) eine Replik seines Porträts, für das er im September 1810 noch zweimal dem Maler saß. Kügelgen war aber mit diesem Bildnis nicht zufrieden, so dass er aus dem ersten und zweiten ein drittes Porträt, die sogenannte ‚kombinierte Fassung' machte [Abb. 40], über die er schrieb: „*Als ich das zweite Bild neben dem ersten sah, schienen mir die beiden ihm ähnlich, so verschieden sie auch waren. Die Stimmen waren geteilt, doch waren die meisten fürs letzte. Mein Wille war immer, daß Müller in Stuttgart es in Kupfer stechen solle und dies verleitete mich, das letzte Bild dazu aufzusparen. Ich malte daher ein drittes, welches ich aus beiden zusammenschmolz und glaubte so, ein zu einem Denkmal bestimmtes Bild zu Goethes Ehre und nicht zu meiner Schande verfertigt zu haben, das doch auch wieder Original war, indem es aus dem ersten und dem zweiten das Medium sein sollte.*"[75]

Auch von Christoph Martin Wieland (1733–1813) machte Kügelgen zunächst eine Kreidezeichnung nach der Natur [Abb. 41]. Die Porträtzeichnung galt bis 2002 als Kopie von Johann Friedrich Lortzing (1782–1851) nach Kügelgen.[76] Durch einen erst kürzlich veröffentlichten Brief, den Kügelgen am 23. September 1814 seiner Schülerin Louise Seidler mit einer Porträtzeichnung Wielands nach Jena schickte, hat sich erwiesen, dass die Zeichnung eine eigenhändige

74 Hellermann 2001a, P 203.

75 Ebd., P 222, S. 248.

76 Maul, Gisela u. Oppel, Margarete (Hrsg.): *Goethes Wohnhaus,* München 1996, S. 45.

Arbeit des Malers ist.[77] Kügelgen sandte über Louise Seidler (1786–1866) ein Jahr nach Wielands Tod die Vorzeichnung zum Wieland-Porträt an Goethe, die das Gegenstück zu seiner Vorzeichnung des Goethe-Porträts ist.
Die Sitzungen müssen für Wieland und Kügelgen unterhaltsam gewesen sein. Wieland war begeistert von Kügelgen und schrieb über ihn an seinen Schwiegersohn Carl Leonhard Reinhold (1757–1823): *„Nie habe ich in meinem langen Leben außer Ihnen selbst, mein Reinhold, einen Menschen gesehen, der mir so schnell Hochachtung, Liebe und Zutrauen abgewonnen hätte wie dieser.“* [78]
Das sehr persönliche Verhältnis zwischen Wieland und dem Maler lässt sich in dem Ölbild erkennen [Abb. 42]. Im Gegensatz zum Goethe-Porträt ist Wieland durch sein freundliches Lächeln persönlicher und menschlich greifbarer dargestellt. Man spürt die Sympathie zwischen Dichter und Maler. Anders als bei Goethe werden Wielands Auszeichnungen, der russische St. Annenorden und das Band der Ehrenlegion am Revers, schon in die Vorzeichnung aufgenommen.
Zum Zeitpunkt von Kügelgens Aufenthalt in Weimar war Wieland fünfundsiebzig Jahre alt. Die Spuren des Alters sind in der Kreidezeichnung wie im Ölbild an dem eingefallenen, zahnlosen Mund, den eingesunkenen Schläfen und Augenhöhlen, den Falten auf der Stirn und um die Augen vorsichtig angedeutet. Dagegen sind die Spuren einer Pockenerkrankung, die Wieland als Dreijähriger durchgemacht hatte, nicht zu erkennen. Auch Wieland wird durch eine hohe Stirn, auf die das Licht fällt, als Denker ausgewiesen. Auf dem Kopf trägt er sein charakteristische Samtkäppchen, unter dem ein silbergrauer Haarkranz hervorkommt. Trotz der Zeichen des Alters wirkt Wieland durch die aufmerksamen Augen nicht greisenhaft, *„sondern voller Leben, enthusiastisch und, wie alle Männer von Genie, noch jung im Alter“*.[79]
Das Interesse, das die Dichterporträts in Weimar fanden, bewog Kügelgen dazu, seinen Aufenthalt auszudehnen und postume Porträts von Friedrich von Schiller (1759–1805) und Johann Gottfried von Herder (1744–1803) zu malen, um später einen vollständigen Porträtzyklus der Weimarer Geistesgrößen um sich haben zu können. Auch von ihnen zeichnete Kügelgen zunächst bildmäßige Vorzeichnungen, von denen Herders heute verschollen und Schillers nur durch eine Kopie erhalten ist.[80] Für Schillers Porträt benutzte er als Vorlage die Schillerbüste von Johann Heinrich von Danneker (1758–1841), Ferdinand Jagemanns (1780–1820) Zeichnung von Schiller auf dem Totenbett und die von Ludwig Klauer (1782–1813) abgenommene Totenmaske. Auffällig ist bei diesem Porträt der blaue Hintergrund und insgesamt die stärkere Farbigkeit im Gegensatz zu den anderen Weimarer Porträts Kügelgens [Abb. 45].
Für Herders Porträt waren ebenfalls seine Totenmaske, frühere Porträts und Schilderungen der Familie die Vorlage [Abb. 44]. Der Überlieferung nach soll Kügelgens Porträt der Familie am liebsten gewesen sein. Kügelgen berichtete

77 Hellermann 2001a, × 1, Brief Nr. 43, S. 337.
78 Starnes, Thomas C.: *Christoph Martin Wieland, Leben und Werk,* Bd. 3, Sigmaringen 1987, S. 315.
79 Bose, Monika (Hrsg.): *Madame de Staël. Über Deutschland,* Frankfurt 1985, S. 149.
80 Hellermann 2001a, P 206. Die aquarellierte Bleistiftzeichnung zeigt eine andere Maltechnik, als die Porträts von Goethe und Wieland und ist nicht von Kügelgen.

seiner Frau, dass er Herders Bild nur als Zeichnung mitbringen würde, *„durch welche ich mich erst in seinen Charakter hineindenken will"*.[81] Helene Marie von Kügelgen, die eine große Verehrerin von Herder war und ihrem Mann beim Malen seine Dichtungen vorlas, schrieb ihm am 1. Januar 1809: *„Daß Du Herders Bild erst hier in Ruhe malen willst, freut mich sehr. Da mußt Du Dir noch einiges von ihm vorlesen lassen, mußt seinen Geist näher kennen lernen."*[82]

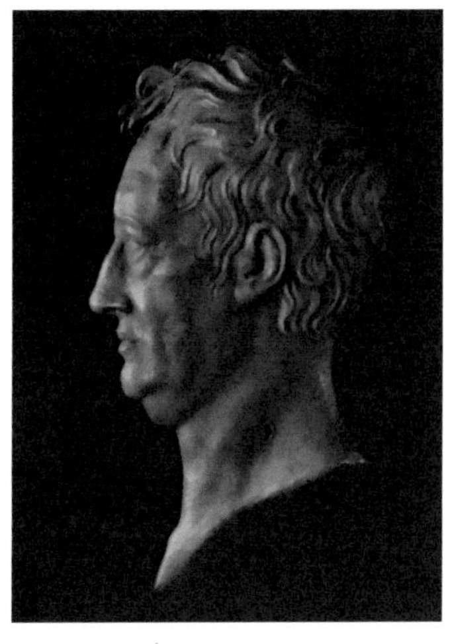

Abb. 43: Gerhard von Kügelgen: *Johann Wolfgang von Goethe*, 1808/09, Wachsbossierung
© Stiftung Weimarer Klassik

Während seines Aufenthaltes in Weimar nahm Kügelgen auch an den Teeabenden Johanna Schopenhauers teil und genoss dabei die Dispute mit Goethe. An einem dieser Abende modellierte Kügelgen ein Wachsrelief des Dichters im Profil [Abb. 43].[83] Der Schriftsteller Stephan Schütze (1771–1839) beschrieb diesen Abend: *„Einer eigenen Szene wohnte ich* [den 18. Dezember] *in der Gesellschaft bei Johanna Schopenhauer mit bei, wie Kügelgen Goethen modellierte und, um keine Langeweile auf seinem Gesichte zu sehen, einen Streit mit ihm über die griechische Malerei eröffnete. Daran tat er aber sehr übel, Goethe konnte nicht einmal einen einzelnen Widerspruch gern ertragen, und Disputieren ist ein fortwährendes Widersprechen. Es kreuzten sich daher so viele verdrießliche und zornige Züge durch das Gesicht, daß es ganz den Charakter einer ruhigen Übereinstimmung verlor und wohl noch wenig zum Modellieren dienen konnte."*[84]

Auch Wieland modellierte Kügelgen in Wachs, doch dies Relief ist seit dem Zweiten Weltkrieg verschollen. Von beiden Reliefs machte er Abgussformen, die er seinem Weimarer Lohndiener überließ, *„einem armen Teufel mit Frau und Kindern* [...] *damit er durch Abgießen einen Nahrungszweig verschaffe. Es geht nach einigen Versuchen gut, und er ist darüber so erfreut, daß er mit gefalteten Händen ausruft: Gott hat Sie zu meinem Glücke hierhergeführt!"*[85]

Bevor Kügelgen Ende Januar Weimar verließ, hatte er die bildmäßigen Vorzeichnungen und die angefangenen Ölbildnisse einem interessierten Publikum vorgestellt. Im April danach sandte er die fertigen Porträts nach Weimar zurück, wo sie im Salon Johanna Schopenhauers gezeigt wurden. Sie beschrieb die Dichterporträts von Bild zu Bild ausführlich 1809 im *Journal des Luxus und der Moden.* Diese *Briefe einer Dame an ihre Freundinn* sind ihre erste

81 Hasse, S. 210.
82 Kügelgen 1922, S. 143.
83 Hellermann 2001a, P 210.
84 Schaeffer/Göres, S. 118.
85 Aus einem Brief Kügelgens an seine Frau vom 14. und 24. Dezember 1808; zit. nach Hasse, S. 210 f.

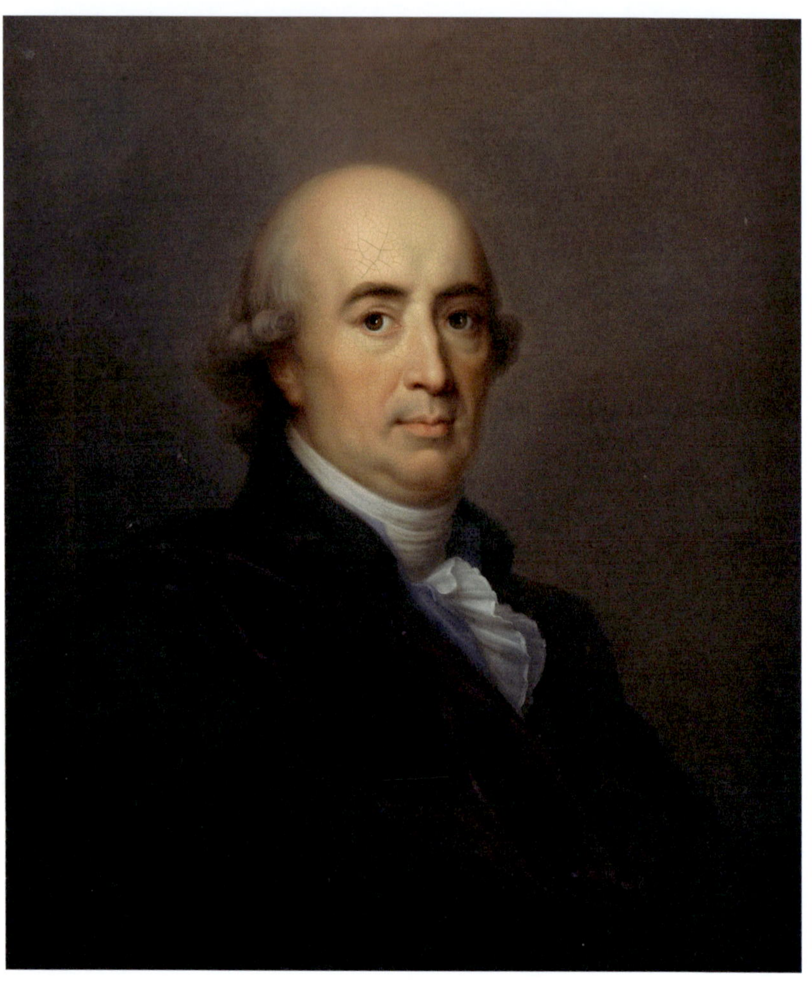

Abb. 44: Gerhard von Kügelgen: *Johann Gottfried Herder, 1809,* Öl auf Leinwand, 71 × 61 cm © Wikimedia

schriftstellerische Arbeit, aus der hier zu jedem Porträt kurze Abschnitte zitiert werden. Über Goethes Porträt urteilte sie: „*Unserm Künstler gelang, was noch keinem in diesem Grade gelungen ist, er faßte einen glücklichen Moment auf und hielt ihn fest, mit Einfachheit, Würde und Klarheit.* [...] *Die Behandlung des Bildes ist, wie wir es von diesem Künstler gewohnt sind, ausgeführt ohne Aengstlichkeit, lebendig und reich an Farben, ohne bunt zu seyn.*“[86] Weiter über Schillers Bildnis schrieb sie [Abb. 45]: „*Nach dem Urteil aller, die Schiller genau kannten, sogar nach dem seiner Gattin, ist dies Gemälde das einzig befriedigende.*“[87] Danach wandte sie sich zu Herder: „*Nach dem Urtheil Aller, die Herder kannten, ist dies Portrait bei weitem das ähnlichste von allen, die je von ihm gemacht wur-*

86 *Journal,* Junius 1809, S. 346 f.

87 Ebd., S. 348.

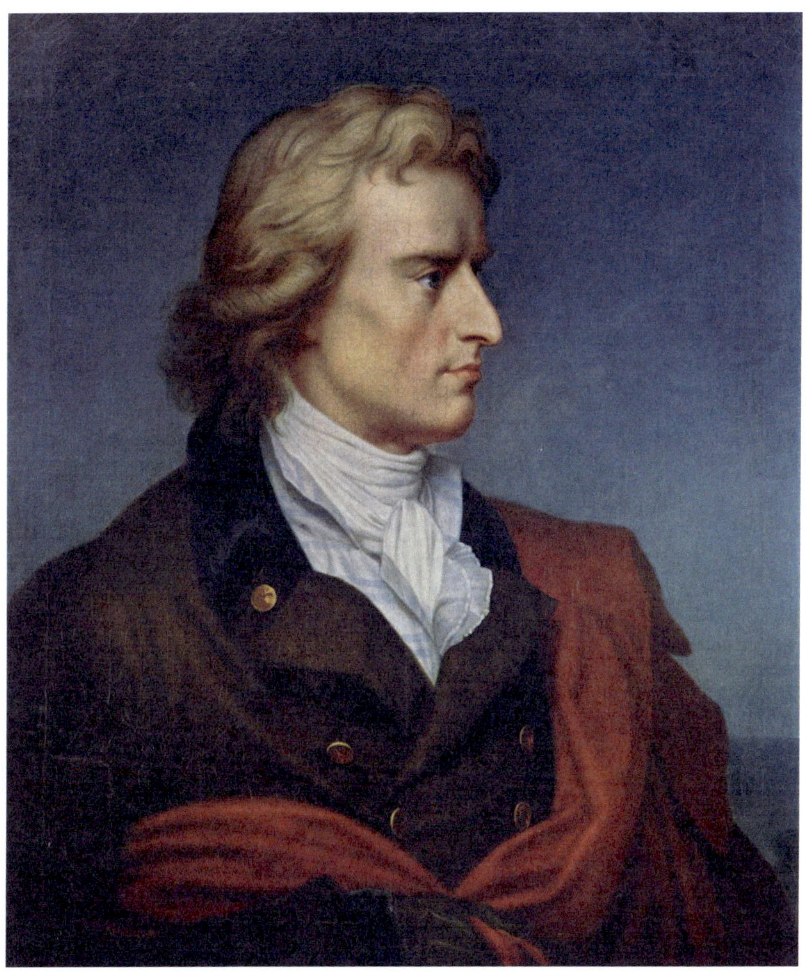

Abb. 45: Gerhard von Kügelgen: *Friedrich von Schiller,* 1809, Öl auf Leinwand, 73 × 61 cm
© Wikimedia

den, selbst seine Witwe und Tochter sagen es mit wehmüthiger Freude und erkannten es an.“[88] Als letztes bespricht sie Wielands Porträt, ihren besonderen Liebling: „*So muß das Alter dargestellt werden; wenn wir alle Lust bekommen sollen, alt zu werden, oder uns, was noch mehr sagen will, darüber trösten sollen, daß wir alt sind.*“[89] Sie schließt ihren acht seitigen Brief an die „Freundin“ mit den Worten: „Nu*n weißt Du alles, was ich von diesen mir unvergeßlichen Bildern sagen kann; möchte ich nur eine Ahnung von ihrem Werthe und der Freude, die ihr Anschauen mit gewährte, Dir gegeben haben!*“[90]

88 Ebd., S. 349.
89 Ebd., S. 350.
90 Ebd., S. 351.

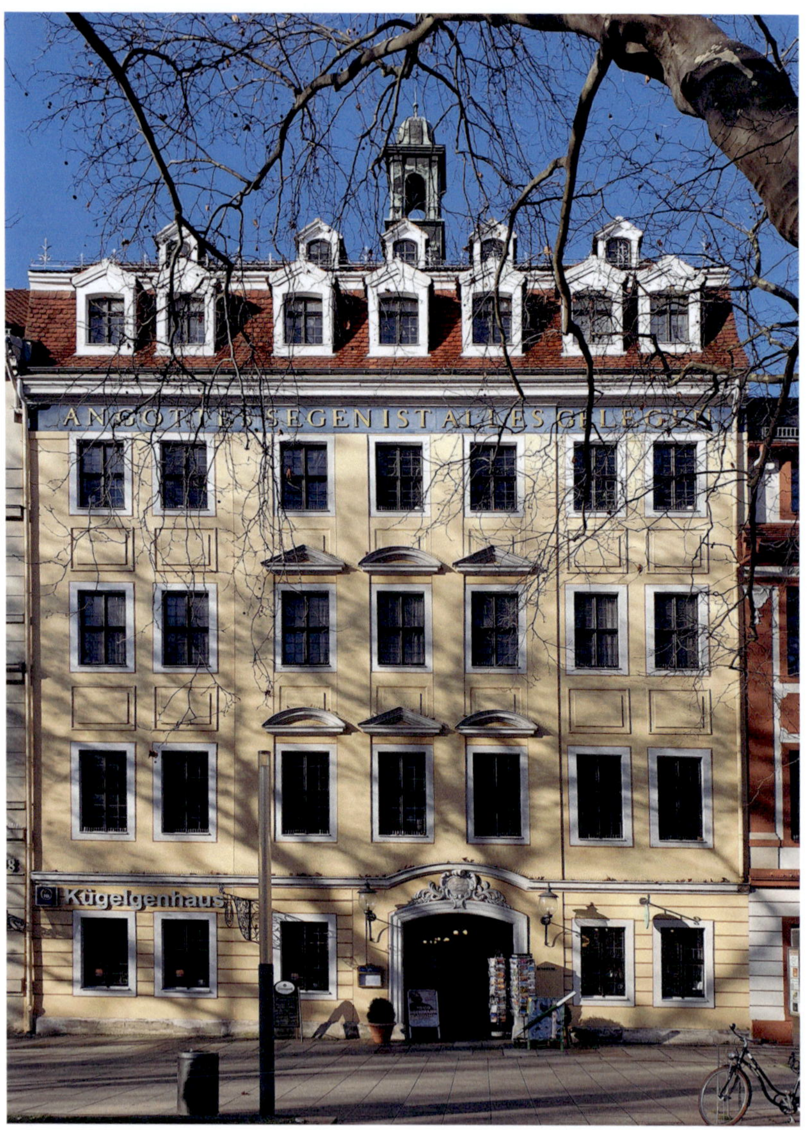

Abb. 46: Das Haus Gottessegen, heute Kügelgenhaus – Museum der Dresdner Romantik

Das Leben im Haus ‚Gottessegen'

Kügelgen hatte inzwischen eine fünfköpfige Familie. Nach Wilhelm kamen 1806 der Sohn Gerhard und 1808 die Tochter Adelheid zur Welt. Die Wohnung im Tepmannschen Hause war zu eng geworden und so zog die Familie im Herbst 1808 in eine sehr viel größere Wohnung im zweiten Stock eines fünfgeschossigen Hauses aus dem 17. Jahrhundert in der Neustädter Allee. Das Haus ist im Zweiten Weltkrieg nicht zerstört worden, und die Kügelgensche Wohnung ist seit 1981 Museum. Unter dem Dachfirst ist über die ganze Breite des Hauses in großen goldenen Buchstaben ein Haussegen angebracht: „An Gottes Segen ist Alles gelegen", der dem Haus den Namen „Gottessegen" gab.
Die Wohnung umfasste um den Innenhof des Gebäudes zwölf Räume, zur Straße hin die Gesellschaftsräume. Zum Garten hin hatte der Maler jetzt ein eigenes Atelier und einen Ausstellungsraum für seine Bilder.
Kügelgens Freund Georg Friedrich Kersting (1788–1847) hielt 1816 das Atelier in einem Interieurbild fest [Abb. 49]; es könnten auch weitere Bilder von Kersting in der Wohnung entstanden sein.[91] An der linken Wand erkennt man das Bild seiner Söhne, umgeben von den Porträts von Morgenstern, Goethe und Schiller. Der Maler sitzt an der Staffelei, der Betrachter kann aber nicht erkennen, woran er arbeitet. Er ist umgeben von den Dingen, die er zum Malen brauchte, einer Etagere mit den Malutensilien, einem Regal mit Gipsabdrücken, die es überall in der Wohnung, auch auf Kleider- und Wäscheschränken[92] gab, die der Maler als Vorlagen für die Protagonisten seiner Historienbilder benutzte. Rechts ist ein Schreibtisch zu sehen, bepackt mit einem Schreibkästchen, Büchern und den Kästen mit Kügelgens Daktyliotheken oder Pasten (vgl. Abb. 30). Kersting beschränkte sich in dem Bild auf eine Auswahl der Dinge im Atelier, die charakteristisch für den Maler und seine Arbeitsweise waren. Nach der Beschreibung des Sohnes Wilhelm sah der Raum anders aus: *„Das eigentliche Arbeitszimmer meines Vaters, das jedoch fremden Besuchern, die er im Vorzimmer unter seinen fertigen Bildern zu empfangen pflegte, verschlossen blieb, enthielt eine Welt der verschiedenartigsten Gegenstände. Die Wände waren hageldicht bedeckt mit Gipsen, mit Studien und allerlei künstlerischen Kuriositäten, mit seltenen Kupferstichen, Handzeichnungen berühmter Meister und dergleichen mehr. Aber auch Handwerksgeräte wie jeder es im Hause brauchen kann, paradierte über eine Hobelbank in reicher Auswahl, als Sägen, Beile, Feilen, Meißel und andere Utensilien. Desgleichen fielen die vielen Waffen auf, für die mein Vater große Liebhaberei hatte. Da sah man Armbrüste, Kugelbüchsen, Pistolen Flinten und sehr kostbare Windbüchsen von verschiedener Konstruktion, auch Hieb- und Stichinstrumente bis zum Stockdegen herab. In den Ecken saßen oder hockten Gliederpuppen von verschiedenen Größen; hochaufgerichtet aber stand unter Schädeln und Gebeinen ein vollständiges Skelett, das Entsetzen der Dienstmädchen, wenn sie mit Aufträgen von der Mutter durch die halbgeöffnete Tür schauten. Endlich türmten sich reiche Sammlungen von Kupferstichen und Pasten nebst selbstgefertigten Modellen aus*

91 Vgl. dazu: Bärbel Kovalevski: *Georg Friedrich Kersting,* Niederjahna 2023, S. 20 f.

92 Aus einem Brief Helene Maries an ihre Freundin Friederike Volkmann, Kügelgen 1922, S. 173.

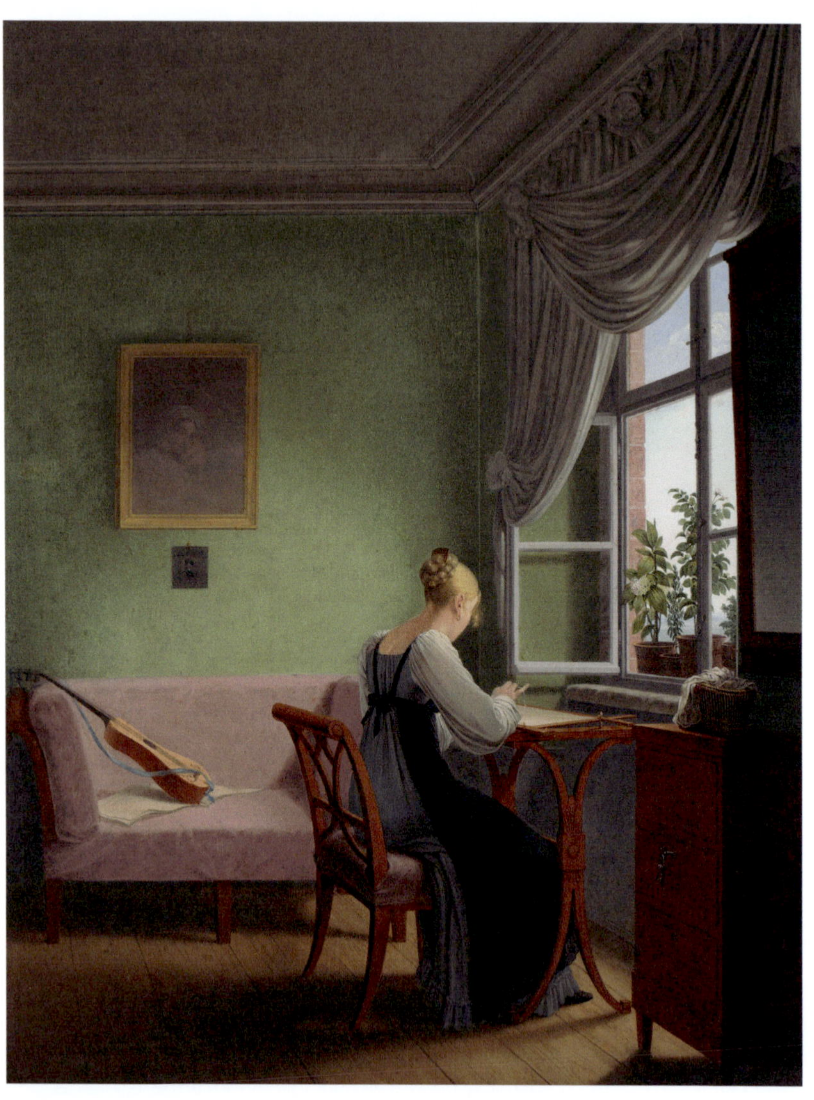

Abb. 47: Georg Friedrich Kersting: *Die Stickerin* (Louise Seidler in der Wohnung der Kügelgens), 1817, Öl auf Leinwand, zweite Fassung, 47 × 36 cm © Wikimedia

Ton oder Wachs in Schränken, wie auf Tisch und Stühlen auf, zwischen Farbenkästen, Reibsteinen, Paletten, Staffeleien und künstlerischem Geräte aller Art.“[93] Als Carl Simon Morgenstern kurz nach dem Einzug der Familie in das Haus „Gottessegen“ Kügelgen besuchte, hing das Kinderbild der Söhne [Abb. 48][94] noch im größten Zimmer der Wohnung, das er Gesellschaftszimmer nannte. Morgenstern beschrieb es: „*Über dem Sopha hängt ein Familienbild: K's* [Kügel-

93 Kügelgen, Jugenderinnerungen, S. 94 f.

94 Hellermann 2001a, P 192, FT XII.

gens] *Wilhelm u. Gerhard, seine Kinder. Sie sind vor 2 Jahren gemalt. Als ich mit K. vertrauter geworden, erzählte er mir eines Abends: der rothe Vorhang, vor welchem die Kinder stehen, erinnert an sein Brautbett. Es war das väterliche, und der Vater Zöge v. Manteuffel überraschte sie damals doch mit früherer Erlaubniß der Verbindung, als sie hofften.*"[95]

Es ist nur scheinbar ein friedliches Bild spielender Kinder, vielmehr eine Darstellung von Krieg und Frieden. Es fällt dem Betrachter sofort ins Auge, dass Wilhelm, damals vier Jahre alt, keine Spielzeugwaffe in den Händen hält, sondern einen Stocksäbel des Vaters. Wenn er zuschlägt wird der vor ihm stehende Spielzeugulan mit einem Lanzenfähnchen in den Farben der Trikolore getroffen. Im Kontrast zu seiner kriegerischen Haltung ist der jüngere Sohn mit seinem Spielzeuglamm ein Abbild des Friedens. Wilhelm schrieb zu dem Bild: „*Mir schenkte damals Onkel Leis* [Abb. 37] *eine als bayerischen Ulanen kostümierte Puppe, gar vollständig und schön mit der ganzen Armatur. Mein Vater aber erlaubte mir, diesen Balg zu töten als einen Franzosenfreund und lieh mir dazu seinen Stocksäbel, mit dem er auch zerhauen wurde. Unendlich viele Kleie strömte zu meiner Verwunderung aus den Wunden. Solche Begebenheit ist gefeiert worden auf einem lebensgroßen, mich und meinen unvordenklichen Bruder darstellenden Bilde, welches mein Vater in jener Zeit malte und ich noch besitze. Der Bruder ist sitzend auf einem Kissen abgebildet, ein ausgestopftes Lämmchen, das sein Entzücken war, an die Brust drückend. Ich dagegen stehe hinter ihm, entschlossen, den Bayern mit einem ungeheuren Säbel abzutun.*"[96]

Wilhelms Beschreibung der Puppe ist nicht korrekt. Sie stellt zwar mit Tschapka und Lanze einen Ulanen dar, doch keinen bayerischen, da Bayern erst 1811 Ulanen einführte. Der Spielzeugsoldat, den Morgenstern als Franzosen bezeichnete, trug wohl eine Phantasieuniform und war nur durch das Lanzenfähnchen als Franzose zu erkennen. Am vorderen Bildrand liegt ein Lederball in den Farben blau-rot-gold. Das Blau ist aber so dunkel, dass es wie schwarz erscheint und so wie die schwarz-rot-goldenen Farben des Banners des gerade untergegangenen Heiligen Römischen Reichs Deutscher Nation gesehen werden sollte. Nach der Niederlage der Schlacht von Jena und Auerstedt 1806 hatte sich Sachsen aus dem Bündnis mit Preußen gelöst und war dem Rheinbund beigetreten. Trotz dieses Bündnisses mit Frankreich hatte sich in Dresden eine Gruppe von Männern gebildet, die sich für eine Befreiung der deutschen Staaten von der Okkupation durch Frankreich einsetzten. Zu dieser Gruppe gehörte auch Kügelgen, der schon seit seinen Erfahrungen im Rheinland Frankreich zutiefst ablehnte. Dadurch wird der patriotische Hintergrund des Bildes verständlich. Die strenge Zensur machte es nötig, die Bedeutung des Balls nur erahnen zu lassen.

Als Kügelgen das Kinderbild malte, kopierte er zeitgleich Raffaels *Sixtinische Madonna*. Die Pyramidenkomposition des Kinderbildes mit einer Mittel- und zwei Seitenfiguren entspricht Raffaels Kompositionsschema. Im März 1809 vollendete Kügelgen die Kopie, die er für sich selbst als Palladium seines Hauses gemalt hatte. Er arbeitete über ein Jahr an der vollständigen Kopie mit allen Nebenfiguren

95 Hellermann 2021b, S. 79.

96 Kügelgen, Jugenderinnerungen, S. 16.

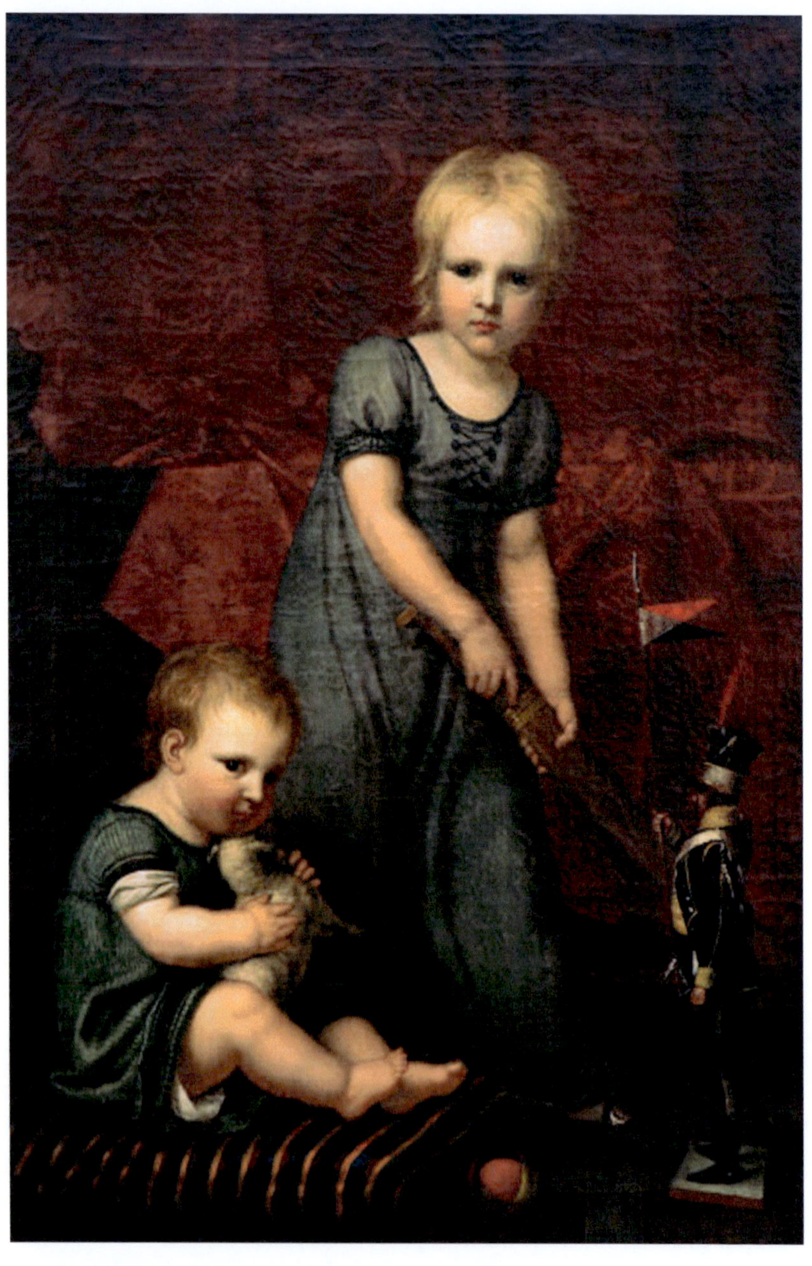

Abb. 48: Gerhard von Kügelgen: *Die Söhne Wilhelm und Gerhard von Kügelgen*, 1806/7, Öl auf Leinwand © Privatbesitz

in den Originalmaßen: „*Das Bild der Madonna nach Raphael habe ich für mich gemalt, um mich an dessen Besitz als dem H ö c h s t e n, was die bildende Kunst je hervorgebracht hat, zu erfreuen und an seiner Anschauung meinen Genius zu weiden und zu reifen.*“[97]

Ab März 1809 hing das Kinderbild in Kügelgens Atelier und erinnerte ihn ständig an seine Ablehnung der Franzosen. Die Raffael-Kopie kam an seiner Stelle ins größte und schönste Zimmer der Wohnung, den „Salon“: „*Wir haben unsern Saal jetzt ganz in einen Tempel umgeschaffen. Die Madonna von Raphael, treu kopiert, mit Barbara, Papst, den Engeln und der Himmelsglorie nimmt den mittleren Platz ein in einem sehr schönen Rahmen. Sie steht auf einer Stufe von mahagonifarbigem Holz, und eine Galerie vom selben Holz umgibt das Bild, doch nur so hoch, daß nichts vom Bilde verdeckt wird. Eine grauseidene Gardine verhüllt das Bild, ringsum hängen die Stanzen von Raphael, von Morghen gestochen, und das ganze ist so gewaltig feierlich, daß selbst die Kinder nur leise eintreten.*“[98]

Kügelgens Bewunderung von Raffaels *Sixtinischer Madonna* entsprach völlig der Wertschätzung des Bildes in der Frühromantik, die August Wilhelm Schlegel und seine Frau Caroline in *Die Gemählde. Gespräch* festgehalten hatten. Das „Gespräch“ über ausgewählte Gemälde der Dresdner Galerie war 1799 in der Zeitschrift *Athenäum* erschienen. Es schließt mit einer Besprechung der *Sixtina*, die mit einem Bildgedicht von Schlegel endet.

Auch Kügelgens Freund Carl Simon Morgenstern hatte 1805 in Dorpat einen Aufsatz mit dem Titel „Rafael's Marie“ veröffentlicht, in dem er seinen Abschiedsbesuch nach häufigen Besuchen der Gemäldegalerie beschrieb: „*Mein Blick hängt da, wo dem innern Sinn eine höhere Welt sich aufbaut; da, wo der Seele ewiges Sehnen nach Stille, Reinheit, Einfalt, Ruhe, allein Genüge findet: an RAFAEL'S Marie.*“[99]

Als Morgenstern 1808 während seines Besuchs in Dresden Kügelgen mehrmals beim Kopieren in der Galerie aufsuchte, notierte er: „*Oft saß oder stand ich bey Gerh. Kügelgen, als er an seiner Kopie von Raphaels Madonna, in welchem nichts ausgelassen ist vom schönsten Altarblatt, auf der Gallerie arbeitete. Er hat an dieser fast vollendeten Kopie 2 Sommer zugebracht. Dieß Werk wird nun sein Zimmer schmücken. Das Resultat dieser Stunden wird man in der Erweiterung meines Aufsatzes: Raphaels Maria finden.*“[100]

Kügelgens Kopie wurde damals dem Original gleichgestellt. Das Bild spielte im täglichen Leben der Familie eine wichtige Rolle. Wilhelm beschrieb, dass es alltags durch einen grünen Seidenvorhang verdeckt war, doch sonntags las die Mutter ihren Kindern, während sie das Bild betrachten konnten, aus der Bibel vor: „*Seinen vollen Zauber entfaltete es indessen erst am Weihnachtsabend, wenn die vielen Kerzen brannten und das magisch beleuchtete, wie von innerem Licht durchglühte Bild zu leben schien.*“[101] Trotz der Bedeutung, die die Kopie für die Familie hatte, entschloss sich der Maler 1816 aus finanziellen Gründen

97 Kügelgen 1922, S. 134.

98 Kügelgen 1922, S. 149.

99 Morgenstern, Karl: *Rafael's Marie,* in: *Über einige Gemälde,* Dorpat 1805, S. 4.

100 Hellermann 2001b, S. 79. Morgensterns erweiterter Aufsatz, in dem er Kügelgens Arbeit würdigte, erschien 1814 in Dorpat. Vgl. Hasse, S. 172.

101 Kügelgen, Jugenderinnerungen, S. 55.

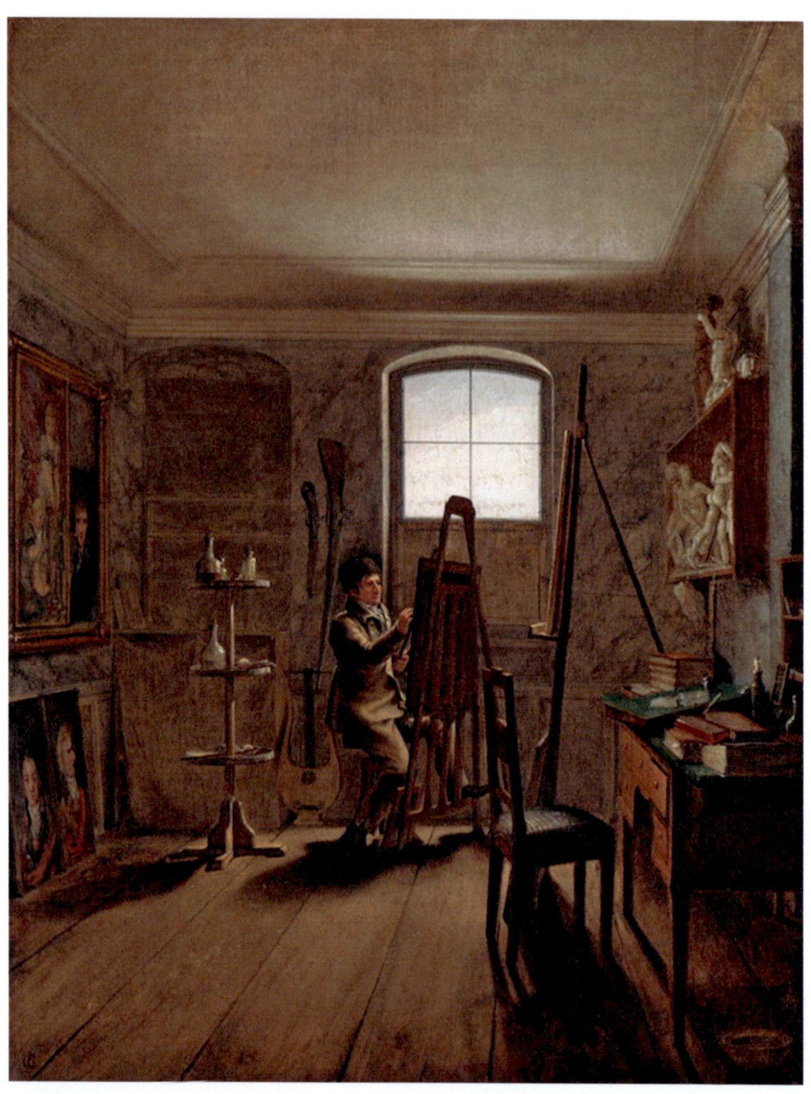

Abb. 49: Georg Friedrich Kersting: *Der Maler Gerhard von Kügelgen in seinem Atelier,* 1811, Öl auf Leinwand © Staatliche Kunsthalle Karlsruhe, Foto: Wikimedia

zum Verkauf. Das Bild wurde durch Vermittlung von Carl August Böttiger an den Fürstbischof von Ermland für 2.500 Taler verkauft. Es hing im Dom zu Frauenburg (Frombork) und wurde Ende des Zweiten Weltkriegs zerstört.[102]
Die große Wohnung ermöglichte es Kügelgen, zeitweilig auch seine Schülerinnen oder Schüler bei sich wohnen lassen zu können. Ab Oktober 1809 lebte durch die Vermittlung Johann Wilhelm Leis' Adolf Senff (1785–1863) bei ihm, der vorher wie Leis an der Leipziger Bürgerschule unterrichtet hatte. Leis war

102 Hellermann 2001a K 4, S. 280 f.

die Qualität der Zeichnungen aufgefallen, die Senff als Anschauungsmaterial für seine Schüler anfertigte. Er lebte bis 1812 als Hauslehrer bei der Familie Kügelgen und erhielt gleichzeitig von Gerhard von Kügelgen Malunterricht, um sich zum Künstler ausbilden zu lassen. Mit den Kügelgenschen Kindern unterrichtete er die gleichaltrigen Kinder des Senators Johann Wilhelm Volkmann (1772–1856) aus Leipzig, der nicht weit von der Familie Kügelgen am Wiesentore lebte. Volkmann hielt sich als Ratsdeputierter einige Zeit bei der Landeskommission in Dresden auf und gehörte mit seiner Familie zum engsten Freundeskreis der Kügelgens. Er traf sich mit dem Maler und dessen Freunden zu einem wöchentlichen „Teekränzchen".

Im Stadtarchiv Halle befindet sich das in Bruchstücken erhaltene Tagebuch Senffs aus seiner Zeit in Dresden. Es dokumentiert die enge Verbindung zwischen den beiden Familien und das gesellige Leben, das sie führten. Gemeinsame Freunde waren der Arzt Friedrich August Pönitz (1779–1849), der Mathematiker Moritz von Prasse (1769–1814), der Hofrat Näke (o. J.) mit ihren Familien und Kügelgens Schülerinnen Caroline Bardua und Louise Seidler. Man machte gemeinsame Spaziergänge, Boots- und Kutschfahrten nach Loschwitz und unternahm immer wieder lange gemeinsame Abendessen oder traf sich zum Tee.

Auch der erste Kontakt zwischen Volkmann und Kügelgen war von Leis vermittelt worden. Nachdem Leis wegen des Streits mit Josef Grassi von Dresden nach Leipzig gezogen war, hatte er Johann Wilhelm Volkmann und seine Frau kennengelernt, die beide sehr an Kunst interessiert und von seinen lebendigen Kunstbetrachtungen beeindruckt waren. Leis schilderte einen *Christuskopf*, den er in Kügelgens Werkstatt gesehen hatte, als dessen Meisterstück, der alle Christusdarstellungen übertreffen würde. Daraufhin entschloss sich Volkmann, das Bild zu kaufen, ohne es vorher gesehen zu haben. Dieser Zug von Kunst-Enthusiasmus, der Kügelgen noch nie vorgekommen war, *„setzte diesen in solches Erstaunen, und mich bey ihm in ein so vortheilhaftes Licht, daß ich, als ich einige Zeit darauf nach Dresden kam, in seiner Familie das liebreichste Zuvorkommen und die freundlichste Aufnahme fand.*"[103]

Leider fehlen in Senffs knappen Notizen die genauen Jahresangaben, sonst könnte man mit ihnen den Ablauf der verschiedenen Stufen des Unterrichts verfolgen, den er von Kügelgen bekam. Er bestand im Wesentlichen aus dem Kopieren nach Bildern des Malers, zunächst mit Pastellkreiden, dann mit Ölfarben, worauf Senff sehnsüchtig gewartet hatte. Senffs Schüler, Wilhelm, beschrieb in den *Jugenderinnerungen*, dass Senff, während er die Kinder unterrichtete, an der Staffelei saß oder zeichnete. Auf jeden Fall lernte Senff von Kügelgen dessen Technik des Vertreibens der Farben, welche stufenlose Übergänge in der Ölmalerei ermöglichte, und das Malen mit dünnen Lasuren. Beide kamen Senff später in seiner römischen Zeit bei seinen Blumenstilleben zu Gute, die ihm den Beinamen „Raffael der Blumen" einbrachten.

Aus vorsichtigen Andeutungen und verschlüsselten Anspielungen muss man aus Senffs Notizen schließen, dass er ein Faible für Friederike Tugendreich

103 Ludwig Volkmann (Hrsg.): *Die Jugendfreunde des Alten Mannes. Johann Wilhelm und Friederike Tugendreich Volkmann*, Leipzig 1825 (im Folgenden abgekürzt: Volkmann).

Volkmann (1774–1812) hatte, die er kurz vor ihrem Tod porträtierte.[104] Senffs Aufzeichnungen enden mit dem tränenreichen Abschied der Familie Volkmann, die 1811 nach Leipzig zurückzog.

Im Sommer darauf hielt sich die Familie Kügelgen zwei Monate auf dem Rittergut Zschortau der Volkmanns bei Leipzig auf, wahrscheinlich war auch Senff dabei. Kügelgen übernahm während dieser Zeit mehrere Porträtaufträge Leipziger Persönlichkeiten.[105]

Ende November 1812 wurde der ältere Sohn, Adolf Volkmann, gefährlich krank und seine Mutter, die schon länger leidend war, erkrankte ebenfalls: *„Als die Nachricht von dem Lazareth, in das mein Haus umgewandelt war, zu Kügelgens kam, ließ sich Senff nicht halten, sondern eilte nach Leipzig um den Liebesdienst der Krankenpflege den beyden Leidenden, die ihm die liebsten Personen auf der Welt waren, zu leisten. Seinen Zögling, Alfred, liebte er mit aller Innigkeit eines Lehrers, und meiner Frau war er mit einer Schwärmery zugethan, die sich fast–wenn er Dichter gewesen wäre–hätte mit der des Goetheschen Tasso vergleichen lassen. Würklich harrte er auch bis an ihren letzten Odemzug an ihrem Sterbebette aus.“*[106]

Aus heutiger Sicht ist es erschreckend, wie oft in Kügelgens Briefen, in Senffs Tagebuch und in den Lebensbildern Johann Wilhelm Volkmanns von Krankheiten die Rede ist. Gerhards Familienbriefe wurden nach dem Erfolg der *Jugenderinnerungen* von den Enkelinnen von Gerhard und Carl, Anna und Emma von Kügelgen, mit Kürzungen herausgegeben. In ihren Zwischentexten wird auch immer wieder auf Lillas Erkrankungen hingewiesen, doch die genaue Art ihrer Krankheiten, die im Original der Briefe erwähnt wurden, ließen die Herausgeberinnen aus. In einem unveröffentlichten Brief an den gleichaltrigen Maler und Zeichner Ludwig Nauwerck (1772–1855) vom 17. Mai 1811, also aus einem der Jahre, in denen Senff in Dresden lebte, schrieb Kügelgen: *„Meine gute Frau hat abordiert und kann sich noch kaum von den argen Zufällen erholen, die sie aushalten mußte“* [d. h. sie hatte eine Fehlgeburt und konnte sich nur schwer von den Krankheitssymptomen erholen]. Gerhards Brief an seinen Bruder Carl vom 27. Mai 1811 wurde von den Herausgeberinnen überschrieben (*„nach einer abermaligen schweren Krankheitszeit“*).

Kügelgens wachsende Bekanntheit und der eigene Ausstellungsraum im „Gottessegen“ bewirkte, dass ihn immer häufiger Interessenten in seiner Wohnung aufsuchten, die meist von seiner Frau herumgeführt wurden: *„Die Prinzessin Solms hat sich auch ansagen lassen mit ihrer Gesellschaft, um meines Mannes Arbeiten anzusehen, die zum Teil in meiner Stube stehen, was schon tausend Störungen bringt, auch will die Frau von der Reck* [Elisa von der Recke] *in diesen Tagen zu uns kommen. Nein, ich hätte es nie geglaubt, daß das Leben eines Künstlers so gar unruhig wäre! Oft scheint es mir, als wäre mein Mann schon etwas zu berühmt, denn er muss diesen Ruhm mit viel verlorener Zeit erkaufen.“*[107]

Das rege Interesse eines breiten Publikums an bildender Kunst dieser Zeit ist

104 Ebd. als Frontispiz.

105 Hellermann 2001a, P231.

106 Volkmann, S. 66.

107 Helene Marie von Kügelgen an ihre Eltern am 8. Oktober 1810; Kügelgen 1922, S. 161.

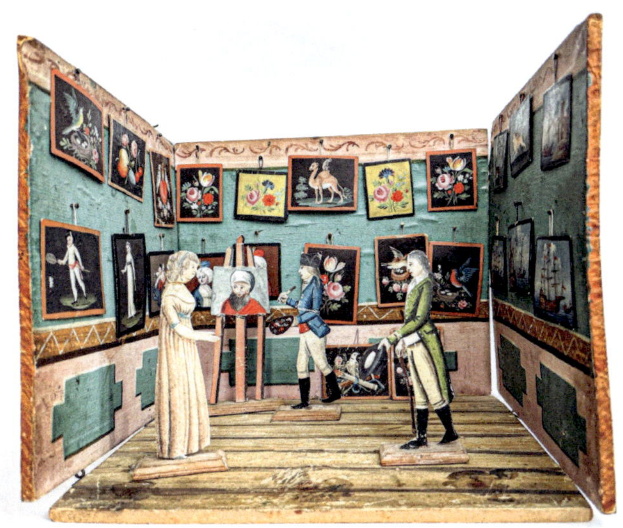

Abb. 50: Miniatur-Modell eines Malerateliers der Biedermeierzeit, um 1810 © Privatbesitz

auch der Hintergrund für die Nachbildung eines Miniatur-Malerateliers aus Papier und Holz, eines dreidimensionalen Zimmerbildes, das zwar nichts mit Kügelgen zu tun hat, aber um die Zeit von Lillas Schilderung entstanden ist, und uns eine Vorstellung geben kann, wie wir uns ihre Aufgabe als Assistentin ihres Mannes vorzustellen haben [Abb. 50]. Die Frau des Malers, der im Hintergrund mit seiner Palette an der Staffelei steht, empfängt einen Interessenten. Die drei Wände des Kästchens sind dicht mit handgemalten Bildern (Porträts, Seestücken, Tierbildern und Blumenstilleben) behängt.[108]

Die Leidenschaft für das Papiertheater hatte auch die Familie von Kügelgen ergriffen; in den Jugenderinnerungen heißt es: „*Die pflegende Mutter war immer bei uns* [kranken Kindern], *der Vater ab und zu, und während das Schwesterchen mit seinen eigenen Händen spielte oder an der von Weimar mitgebrachten Kinderklapper kaute, besahen wir andern die vom Vater mit großer Munifizenz gespendeten Kupferwerke, schnitten Papierfiguren aus und kneteten allerlei Blumen und Gestalten aus buntem Wachs, mit denen wir die Ränder unserer Bettstellen beklebten.*“[109] An anderer Stelle hieß es: „*Das Genußreichste, was Senff uns lehrte, war die Kunst, gewisse kleine trianguläre* [dreieckige] *Gestalten, sonst „Krähen“ genannt, aus Papier zu falten,* [...]“[110] – die Kinder bauten dann eine ganze Armee aus Papier. Weiter hieß es: „*Dort* [im hinteren Teil der Wohnung] *befand sich ein zweiter Vorsaal, der zu den Gemächern meines Vaters führte, und hier hatte Senff auf der Diele aus kleinen von Papier gemachten Häusern, Palästen und Moscheen die Stadt Konstantinopel aufgebaut. Man konnte nichts Saubereres sehen als diese Papierstadt.*“[111]

108 Unbek. Künstler, um 1810, 22 lose Bilder auf bemalten Holzplatten, 16 × 20 × 17 cm; Privatbesitz.

109 Kügelgen, Jugenderinnerungen, S. 43.

110 Ebd., S. 53.

111 Ebd. S. 56.

Freundschaft mit Caspar David Friedrich

Die große Wohnung gab Kügelgen nicht nur einen eigenen ständigen Ausstellungsraum, sondern bot darüber hinaus die Möglichkeit, auch die Zimmer zur Promenade für Ausstellungen zu benutzen. Über die Ausstellung, die Kügelgen Pfingsten 1809 in seiner Wohnung veranstaltete, schrieb Carl August Böttiger in der *Zeitung für die elegante Welt* einen ausführlichen Bericht. Danach hingen in einem Zimmer die Porträts von Goethe, Wieland, Herder und Schiller, in einem zweiten Zimmer an der Rückwand sechs Bilder, *„worunter sich des liebenswürdigen Künstlers eigenes Bild befand. Es hing zwischen den ersten Porträts seiner Galerie berühmter Zeitgenossen.“*[112]

Neben seinem Selbstporträt nahm Kügelgen nur noch das Bildnis Caspar David Friedrichs in seine Galerie auf, woraus wir schließen können, dass er für sich und Friedrich eine Sonderstellung zwischen den Dresdner Künstlern beanspruchte.[113] Die beiden Maler hatten sich bald nach Kügelgens Ankunft in Dresden kennengelernt. Es ist auffallend, dass sich Kügelgen nach der räumlichen Trennung von seinem Bruder in Dresden eng an einen Landschaftsmaler anschloss. In dem einzigen nachweisbaren, aber verschollenen Skizzenbuch Kügelgens gab es drei lavierte Tuschezeichnungen, die Friedrich darstellten. Sie zeigten ihn in drei verschiedenen Posen auf einem Stuhl sitzend. Neben die erste Zeichnung schrieb Kügelgen am 9. Januar: *„wegen der neuen Stiefel gezeichnet“* [Abb. 51]. Die Episode zeigt, dass die beiden Maler schon nach kurzer Zeit ein herzliches Verhältnis verband. Das Skizzenbuch gehörte dem Berliner Kunstsammler Julius Freund und wurde 1942 in der Galerie Fischer in Luzern versteigert. Der Eintrag im Katalog der Auktion lautete: *„90 Blätter, Feder und Bleistiftskizzen, teils laviert und farbig, meist Kostüm- und Uniformstudien, Charakter- und Tierstudien. Viel nach der Natur gezeichnet. 1800–1806, 17 × 21 cm“*. Seitdem ist es verschollen, Julius Freund hatte aber 1927 im *Kunstwanderer*[114] einen Artikel über *Drei unbekannte Porträtzeichnungen Casp. Dav. Friedrichs von Gerh. v. Kügelgen*, veröffentlicht, durch den die drei Zeichnungen in Abbildungen erhalten blieben. Zu dem schon erwähnten Porträt Friedrichs gibt es eine Ölskizze, die den Freund mit einem

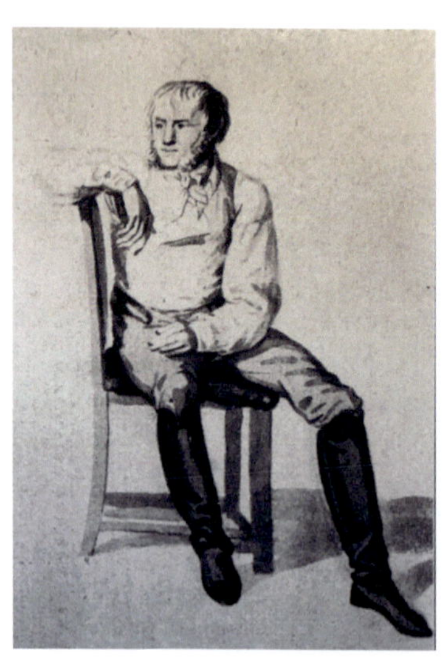

Abb. 51: Gerhard von Kügelgen: *Caspar David Friedrich*, um 1806, Feder und Tusche, verschollen

112 *Zeitung für die elegante Welt*, Nr. 114, 3. Juni 1809, S. 910 f.

113 Hellermann 2001a, P 199.

114 Bd. 9/10, 1927/28 S. 246–248.

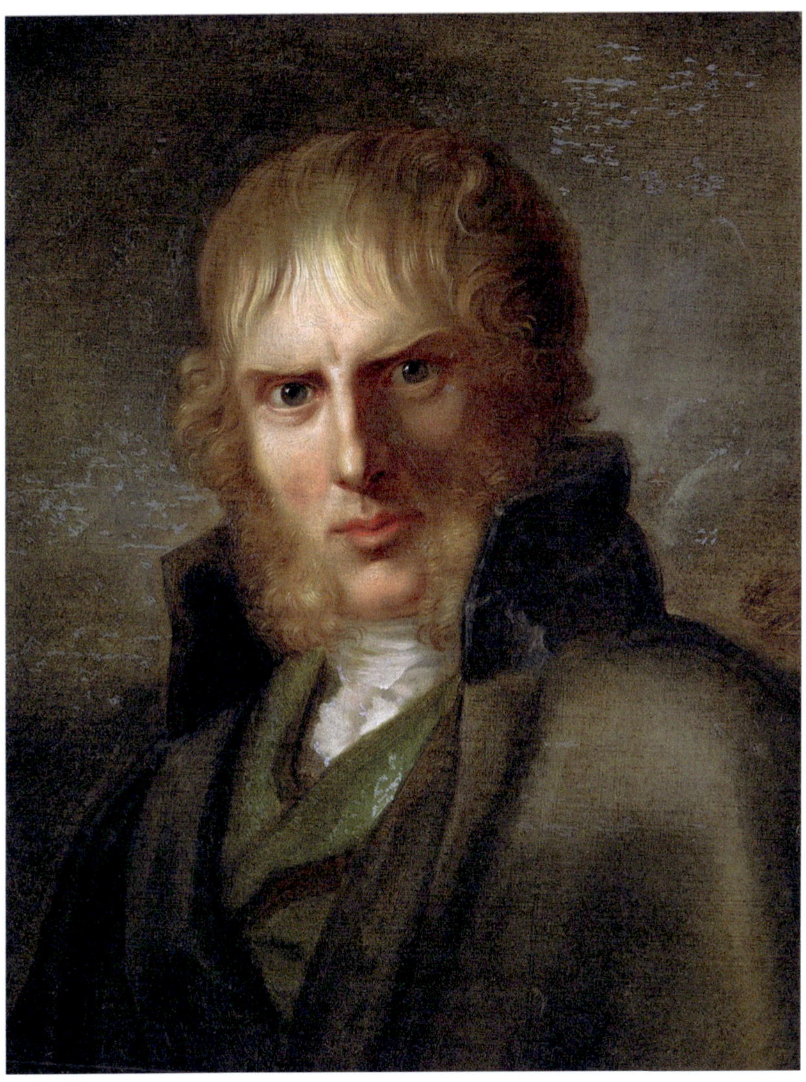

Abb. 52: Gerhard von Kügelgen: *Caspar David Friedrich,* 1808, Öl auf Leinwand

persönlicheren Gesichtsausdruck wiedergibt.[115] Sie hat am oberen Rand eine alte Nagelspur, so dass man sich gut vorstellen kann, dass Kügelgen sie in seinem Atelier als Vorlage für das endgültige Porträt an die Wand nagelte. Außerdem benutzte Kügelgen den Freund als Modell für den Kopf seines Saul, in dem Gemälde *Saul und David* [Abb. 54], zu dem auch eine Skizze von Friedrichs Kopf erhalten geblieben ist.[116]

115 Hellermann 2001a, P 198.
116 Ebd., P 187 u. H 50 FT II

Wilhelm von Kügelgen schilderte in seinen *Jugenderinnerungen*, dass Friedrich von allen Künstlerfreunden der Familie besonders nahestand. Er charakterisierte ihn als menschenscheu und unbeholfen und beschrieb exakt, wie neuartig und anders Friedrichs Landschaftsbilder wirkten. Er sah ihn als *„Einundeinzigster in seiner Art“*[117], der aber durch sein Anderssein als Künstler wenig Anerkennung fand: *„Hätte mein Vater die Fremden, die seine Werkstatt besuchten, nicht regelmäßig auf Friedrich verwiesen und überall Lärm geschlagen, so würde der bedeutendste Landschaftsmaler seiner Zeit gehungert haben.“*[118]

Die Wiederentdeckung des fast vergessenen Landschaftsmalers Friedrich in der Berliner Jahrhundertausstellung 1906 geschah zu einer Zeit, in der Wilhelms *Jugenderinnerungen* weit verbreitet waren. Seine sicherlich treffenden Beschreibungen Friedrichs werden häufig in der frühen Friedrich-Literatur zitiert und führten dazu, dass die umfangreiche Friedrich-Forschung sich auf die Beschreibungen der Freundschaft der beiden Maler beschränkte. Es wurde außer Acht gelassen, welchen Einfluss Gerhard von Kügelgen auf den Freund besaß. Bis auf seine Zeit an der Kopenhagener Akademie hatte Friedrich in den Jahren bevor er Kügelgen kennenlernte hauptsächlich Sepia-Bilder gemalt. Erst ab 1806 begann er mit Ölfarben zu malen. Es ist naheliegend, dass er von Kügelgen zur Ölmalerei angeregt wurde. Er bezog wie Kügelgen die Imprimitur, den Grundanstrich der Leinwand, in die Farbkomposition ein und schaute das Sfumato und die feinen Lasuren ab, die er brauchte, um die dünnen, durchsichtigen Farbschichten der Sepien auch auf der Leinwand anwenden zu können.[119] Carl Morgenstern besuchte mit Kügelgen während seines Aufenthaltes in Dresden Friedrich im Atelier und notierte sich: *„Erst seit kurzem malt er in Öl, sonst in Sepia.“*[120] Er sah bei diesem Besuch die frühen Ölbilder, unter ihnen den fast vollendeten *Tetschener Altar*, und kommentierte: „[...] *überhaupt malt Friedrich, was noch niemand gemalt hat.“*[121]

Vergleichen wir die Themen, welche die beiden Maler in den ersten Jahren ihrer Freundschaft gemalt haben, so erkennen wir, dass sie sich nicht nur über technische Kniffe zur Ölmalerei unterhalten haben. Beide Künstler waren bestrebt, die traditionelle Ikonographie zu überwinden. Friedrich konzentrierte sich in seinen allegorischen Landschaften auf genaue Naturbeobachtung und lehnte die gängigen Ideallandschaften im Stil des Dresdner Malers Johann Christian Klengel (1751–1824) ab, und Kügelgen schuf sich in Historienbildern eine ganz eigene Interpretation der Themen. 1810 malten beide Gegensatzpaare wie *Heidentum und Christentum*, Kügelgen mit den Bildern *Apoll und Hyacinth* und *Verkündigung*[122] und Friedrich mit *Winterlandschaft* und *Winterlandschaft mit Kirche*.[123] Beide wollten durch die Gegenüberstellung von Begriffen, analog zu

117 Kügelgen, Jugenderinnerungen, S. 73.

118 Ebd., S. 79.

119 Ebd., S. 79.

120 Hellermann 2001b, S. 82.

121 Ebd.

122 Hellermann 2001a, H 46 und 105.

123 Börsch-Supan, Helmut und Jähnig, Karl Wilhelm: *Caspar David Friedrich. Gemälde, Druckgraphik und bildmäßige Zeichnungen*, München 1973 (im Folgenden abgekürzt: Börsch-Supan/Jähnig), S. 193 u. 194, vgl auch Volkmann, S. 234.

Adam Heinrich Müllers Vorlesungen, beim Betrachter über die Bilder hinaus Gedanken erwecken, die noch nie gemalt wurden.[124] Diese Verschmelzung von Wort und Bild wurde von den zeitgenössischen Betrachtern als Poesie empfunden. Morgenstern bezeichnete die beiden nach seinen Gesprächen mit Kügelgen und Friedrich als *„poetische Malerseelen"*.[125] Er beschrieb seine Ergriffenheit vor Friedrichs Bildern, und es war ihm, als höre er Oboentöne.[126] Weihnachten 1808 stellte Friedrich den nun vollendeten und gerahmten *Tetschener Altar* (*Das Kreuz im Gebirge*) in seinem Atelier öffentlich aus. Er hatte das Bild so aufgestellt, dass die zahlreichen Besucher, wie Lilla ihrem Mann nach Weimar schrieb, so ergriffen waren, als beträten sie einen *„Tempel und sprachen leise und ernsthaft wie in einer Kirche"*.[127] Ihre Beschreibung der Reaktion, die das Bild auf die Besucher ausübte, macht deutlich, dass es als Andachtsbild empfunden wurde. Das Bild widersprach nicht nur der tradierten Auffassung von religiöser Malerei, sondern auch der klassischen Landschaftsmalerei.

Schon vier Wochen später erschien in der *Zeitung für die elegante Welt* eine vernichtende Besprechung des Bildes, die der Kammerherr Basilius von Ramdohr geschrieben hatte. Die Kritik löste eine heftige kunsttheoretische Debatte aus, da Friedrichs Freunde Kügelgen und der Schriftsteller Christian August Semler (1767–1825) ihn in Artikeln in der *Zeitung für die Elegante Welt* und Ferdinand Hartmann im *Phöbus* verteidigten.

Diese Debatte zeigt den tiefen Graben, der sich seit dem Erscheinen von Leis' [Abb. 37] Kritik der Akademieausstellung zwischen den etablierten Künstlern um Grassi und den autonomen Künstlern wie Kügelgen und Friedrich entwickelt hatte. Ramdohr war ein Freund und Schüler des Akademiedirektors Josef Grassi. Auch Morgensterns Aufzeichnungen veranschaulichen uns die Situation. Während ihn Kügelgen zu Friedrich und Hartmann begleitete, ging er mit Ramdohr zu Grassi, über den er sich notierte: *„höhere Forderungen der Kunst befriedigt er nicht"*.[128]

Auch der *Phöbus. Ein Journal für die Kunst*, der seit Januar 1808 von Heinrich von Kleist und Adam Heinrich Müller in Dresden herausgegeben wurde, dokumentiert die Bestrebungen der Dresdner Künstler, Poesie und bildende Kunst miteinander zu verbinden. Ferdinand Hartmann hatte die Redaktion der ‚bildenden Kunst' und entwarf auch die Umschlagzeichnung, in der der Sonnengott Phöbus in seinem Sonnenwagen über Dresden schwebt. Das Journal sollte monatlich erscheinen, doch das 4. und 5. Heft wurden aus Kostengründen zusammen publiziert und schon im Dezember 1808 erschien die letzte Nummer. Zu jedem Heft waren Kupferstiche nach Umrisszeichnungen, geplant, die in Bildgedichten erörtert werden sollten, darunter in Heft vier und fünf *Saul und David* nach dem Ölbild von Kügelgen mit einem Bildgedicht von Friedrich Gottlob Wetzel (1779–1819).[129]

124 Vgl. Anm. 105.
125 Hellermann 2001b, S. 80.
126 Ebd., S. 82.
127 Kügelgen 1922, S. 142.
128 Hellermann 2001b, S. 82 f.
129 *Phöbus*, Heft 4 und 5, Mai 1808, Nr. XIII.

Die Zusammenstellung von Gemäldekabinetten

Neben Caspar David Friedrich und Ferdinand Hartmann gab es noch weitere zeitgenössische Künstler, die Kügelgen wertschätzte und förderte. Auskunft darüber gibt uns die 1808 von ihm zusammengestellte Bildersammlung für den Kaufmann und Bankier Bernhard Christian Klein (gest. 1819), den Kügelgen in Riga kennengelernt hatte. Er schrieb seinem Bruder Carl darüber: „*Das Gemäldekabinett für Klein zu besorgen ist meine größte Freude. Male Du ihm dazu zwei Bilder, ich hoffe, er wird dann mehr wollen. Klein zeigt mir in diesem Geschäft ein Vertrauen, das mich wirklich rührt.*“[130]

Morgenstern sah die dafür zusammengestellten Bilder, als sie zum Teil schon verpackt waren und notierte sich: „*Gerh. v. Kügelgen hat nämlich vom Banquier Klein in Riga den Auftrag bekommen, ihm eine Gemäldesammlung zu besorgen. Diese soll 2000 Dukaten kosten. Es sind schon 40 Gemälde zusammen; darunter ist kein mittelmäßiges aufgenommen. [R. doch soll keins über 100 Dukaten kosten.] Jedes soll etwas bedeutendes haben. [R. Es soll eine Idee darin ausgesprochen werden]; alle sollen einen Cyklus bilden. Besonders soll immer ein innerer Zusammenhang seyn unter verwandten Bildern.*“[131]

Da Morgenstern in seinen Aufzeichnungen stets den Aufbau des Universitätsmuseums in Dorpat im Kopf hatte, dessen Direktor er war, notierte er sich eine genaue Aufstellung der Sammlung für Klein. Sie umfasste u. a. von Kügelgen vier Bilder, Originale von Nicolaus Berchem (1620–1683), Claude Vernet (1717–1789), Ferdinand Hartmann und Eberhard Waechter (1762–1852), Kopien berühmter Bilder der Dresdner Galerie von Hartmann und Johanna Maria Freystein (1760–1807), Landschaftsbilder von Carl Ludwig Kaaz (1773–1810) und Johann Christian Klengel (1751–1824), und von Caspar David Friedrich *Der Sommer, Der Winter, Meeresstrand mit Fischer und Nebel.*[132]

Zu den Bildern von Friedrich schrieb Kügelgen Erläuterungen: „*Die beiden Nebelstücke von Friedrich, wo das eine den sich herabsenkenden, das andere den aufsteigenden Nebel zeigt*“ und „*Zwey andere Bilder von Friedrich vorstellend den Sommer und den Winter.*“[133] Wir können davon ausgehen, dass die Interpretation dieser Gemälde auf Gespräche mit Friedrich zurückging. Das *Seestück* von Claude Joseph Vernet (1714–1789) mit Schiffbrüchigen und stürmischer See bildete als Mittelstück zwischen Friedrichs Nebenbildern nach Kügelgens Auffassung einen schönen Gegensatz zu den einfach stillen Bildern von Friedrich.[134] Auch die Bilder von Hartmann *Die drei Marien am Grabe* und Eberhard von Wächters *Caritas Romane,*[135] die als Umrissstiche im *Phoebus* erschienen, wurden von Kügelgen erläutert. Die Bildbeschreibungen befinden sich im

130 Kügelgen 1922, S. 130.

131 Hellermann 2001b, S. 84. Die Ergänzungen in eckigen Klammern bezeichnen Morgensterns Randbemerkungen.

132 1.: Bayerische Staatsgemälde, Neue Pinakothek, Inv. Nr. 9702; 2.: ehem. Bayerische Staatsgemäldesammlung, 1931 im Glaspalast verbrannt; 3. u. 4: Wien, Kunsthistorisches Museum.

133 Hellermann 2001a, S. 309 f.

134 Ebd., S. 310.

135 Kügelgen nennt Wächters Bild Caritas Romane statt ‚Caritas Romana'.

Nachlass von Carl August Böttiger, der 1809 zur Sammlung Klein einen Bericht in der *Zeitung für die elegante Welt* mit dem Titel „*Versuch, Kunstwerke zweckmäßig zusammenzustellen*" veröffentlichte. Böttiger beschreibt darin, dass Kügelgen die Bilder in Gruppen von sechs Bildern anordnete, die auf einen Totaleindruck und eine sich gegenseitig unterstützende Hauptdeutung berechnet waren.[136] Sein Text und Kügelgens Bildbeschreibungen machen uns deutlich, dass die Bildinhalte ohne die vertraute Ikonographie und das Konzept der Hängung für die Betrachter nur verständlich waren, wenn sie eine Anleitung bekommen hatten.

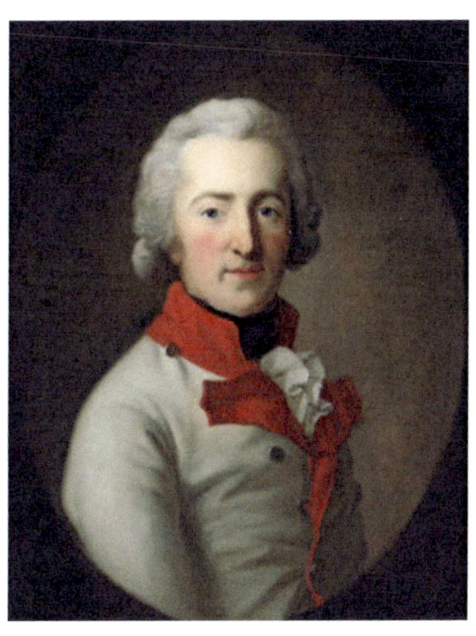

Abb. 53: Anton Graff: *Johann Friedrich Graf von Medem,* 1787, Öl auf Leinwand, 70,5 × 57 cm © Bassenge-Auktionen Berlin

Bernhard Christian Klein machte 1819 Konkurs und beging wohl Selbstmord. Seine Kunstsammlung wurde, vermutlich durch die Vermittlung Kügelgens, an seinen Petersburger Freund Christoph Johann Friedrich Graf von Medem (1763–1838)verkauft. Die erhaltenen Listen von 1847 und 1867 des Kunstbestands in dessen Schloss Elley in Kurland mit genauer Aufzeichnung der Hängung zeigen, dass Kügelgens Konzept dort nicht mehr beibehalten wurde.[137]

Eine ähnliche Aufgabe erhielt Gerhard 1809 durch seinen Bruder Carl. Auch für den russischen Etatsrat Constantin Slobin stellte er eine Kunstsammlung zusammen. Slobin plante, in seinem Landsitz Wolsk in Südrussland einen Musenhof für Künstler und Gelehrte aufzubauen, in den beide Brüder ihr Vermögen investierten. Carl folgte Slobin nach Wolsk und versuchte vorher, seinen Bruder erfolglos dorthin zu locken. Im April 1809 schrieb Gerhard an Carl dazu: „*Du hältst mich für reich genug zu einer Übersiedlung nach Wolsk, bedenkst aber nicht, ob ich eine Reise dorthin werde übernehmen können wegen der ganz geschwächten Gesundheit von Lilla. Und dann – soll ich mein Schicksal an das eines einzigen, in jeder Art schwächlichen Menschen binden und mit leichtem Sinn mir die Mittel, durch welche ich meine Unabhängigkeit behaupte, schmälern?*"[138]

Slobin hatte von Gerhard mehrere Bilder gekauft, darunter die Pendantbilder *Saul und David* und *Belisar mit seinem Führer.*[139] Nach dem Tode des hochverschuldeten Slobin 1813 wurde auch diese Kunstsammlung ebenfalls von Christoph Johann Friedrich Graf von Medem erworben.

---

136 Hellermann 2001a, S. 358.

137 Sofern nachweisbar befinden sich diese Bilder heute in Museen in Dresden, Wien und Koblenz und in Privatbesitz.

138 Kügelgen 1922, S. 147.

139 Hellermann 2001a, H 49 und 50. Vgl. Abb. 53. und 55.

Die Historiengemälde

Von Beginn an waren die Jahre in Dresden arbeitsame Jahre für Kügelgen. Angeregt durch neue literarische und künstlerische Freundschaften, das gründliche Studium der Gemäldegalerie, die öffentlichen Vorträge, an denen er regelmäßig teilnahm, und durch seine finanzielle Unabhängigkeit war er nun in der Lage, sich ausschließlich auf eigene Ideen konzentrieren zu können. Dabei ist es auffallend, dass sich bei fast allen seiner größeren Werke die Vorlagen der Kompositionen scheinbar schnell erkennen lassen. Doch schaut man genauer hin, so erkennt man, dass Kügelgen über die eigentliche Vorlage hinaus das Thema weiterentwickelte. Er hatte eine Vorliebe für die Paraphrase, die schöpferische Weiterentwicklung der Werke berühmter Künstler, die den gebildeten Betrachtern die Freude am Wiederentdecken bot. In seinem ersten größeren Historienbild *Apoll und Hyacinth*[140] war die Bildvorlage die Gruppe *Ajax und Patroklus* in der Loggia dei Lanzi in Florenz (heute als *Ajax und Achill* interpretiert). Apoll hält seinen gerade tödlich getroffenen Liebling im Arm und schon blüht im Vordergrund eine Hyacinthe, die nach Carl Philipp Moritz' *Götterlehre* eigentlich erst aus der Asche des Jünglings erblühen sollte. In dem Gemälde *Saul und David* [Abb. 54] ist die seitenverkehrte Vorlage für den König Raffaels Figur des Heraklit aus der Schule von Athen in den Stanzen des Vatikans. Der von Wahnvorstellungen geplagte König wird von David durch sein Harfenspiel besänftigt, hält aber bereits den Speer im Arm, mit dem er später David nach seinem Sieg über die Philister an die Wand spießen würde.[141]

Zu diesem Bild gibt es ein Pendant, *Der blinde Belisar mit seinem Führer.* Belisar war ein ruhmreicher Feldherr des Kaisers Justinians, der zu Unrecht geblendet und verstoßen wurde und sich der Sage nach als Bettler durchschlagen musste [Abb. 55]. Sein Schicksal war nach dem Erscheinen des Romans *Belisaire* von Jean Francois Marmontel (1723–1799) im 18. Jahrhundert sehr beliebt und galt als Beispiel für die Wechselfälle des menschlichen Lebens, aber auch menschlicher Größe, da Belisar trotz des Unrechts, das ihm widerfahren war, seinem Kaiser treu ergeben blieb. Marmontel gab dem blinden Greis einen jungen Führer, der sich in Kügelgens Darstellung zitternd vor Angst mit ihm vor einem Gewitter in eine Höhle flüchtete. Das Unwetter erwähnte Marmontel nicht und so liegt der Schluss nahe, dass die düsteren Wolken und der Blitz im Hintergrund rechts bei Kügelgen eine Anspielung auf das Ungewitter war, das mit Napoleon über die deutschen Staaten gekommen war.[142]

Der Maler stellte in den beiden Bildern die Gegensätze Alter und Jugend einander gegenüber. In dem einen ist es der jugendliche David, der dem von Furien geplagten König Trost spendet, in dem anderen ist es der alte Feldherr, der seinen furchtsamen Begleiter beruhigt. Kügelgen stellte die Bilder Pfingsten

140 Hellermann 2001a, H 46.

141 1. Sam. 16, 23 und 18, 6–12.

142 Büsing, Leander: *Vom Versuch, Kunstwerke zweckmäßig zusammenzustellen,* in: *Dortmunder Schriften zur Kunst,* Bd. 2, Dortmund 2011, S. 98.

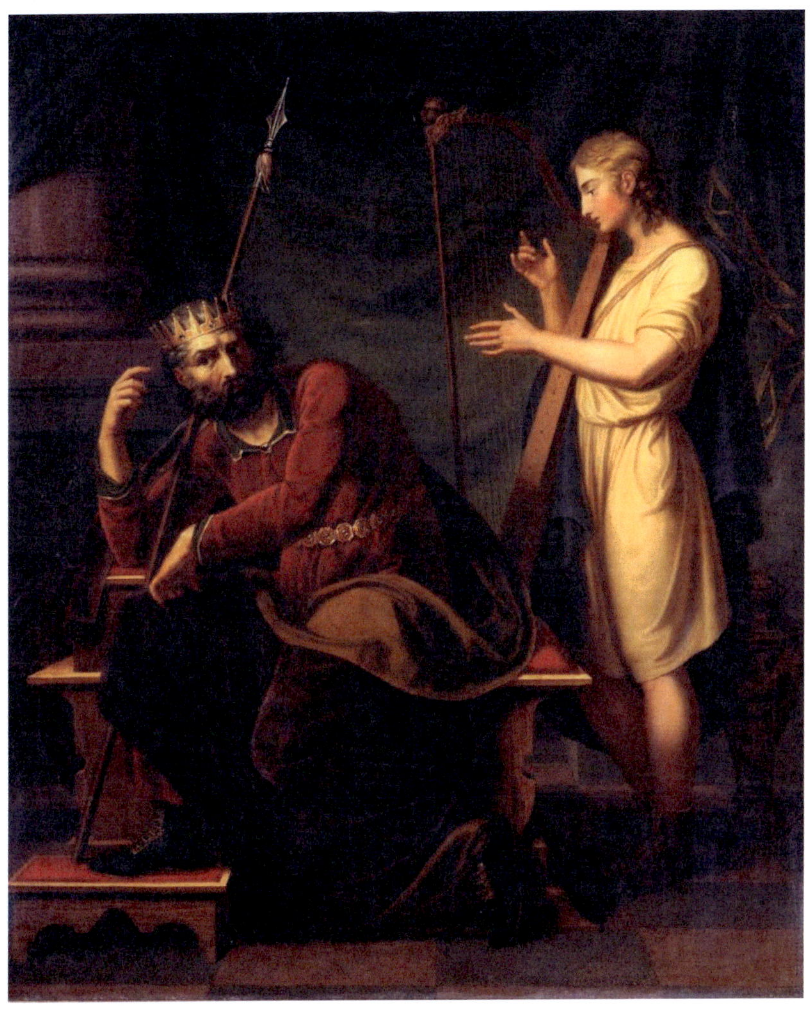

Abb. 54: Gerhard von Kügelgen: *Saul und David*, 1807, Öl auf Leinwand, 118,5 × 99,5 cm

1809 in seiner Wohnung aus. Zusammen betrachtet, erschloss sich dem Publikum in den beiden Historienbildern wieder eine versteckte Botschaft, die sich auf die politische Situation Sachsens bezog. Kügelgens heftiger Widerstand gegen die französische Okkupation der deutschen Staaten zeigte sich in fast allen Historienbildern dieser Jahre. Im April 1806 schrieb er an seinen Bruder: *„Mir schwillt jedesmal der Kamm, wenn ich an die anmaßenden, gemüthlosen Franzosen denke, und dann pinsele ich zu, als ob – ja stünden ihre Legionen nur auf meiner Leinwand, potz Wetter, wie wollte ich sie zugrundiren!"*[143]

143 Zit. nach Hasse, S. 143.

Es war eine turbulente Zeit für Sachsen, das zunächst mit Preußen verbündet gewesen war. Aber 1807 fusionierte der sächsische Kurfürst Friedrich August III. mit Napoleon, und Sachsen trat dem Rheinbund bei. Wie in dem Bildnis seiner Söhne [Abb. 48] nutzte der Maler, ein erklärter Gegner Napoleons, jede Gelegenheit, seine patriotischen Freunde in versteckten Botschaften zu ermuntern, nicht den Mut zu verlieren und sich, wie König Saul oder Belisars junger Führer, zu beruhigen.

Kügelgen war nicht der einzige Künstler in Dresden, der die Aussagen seiner Bilder durch die Gegenüberstellung mit einem Pendant verstärkte. Caspar David Friedrichs Gemälde *Hünengrab im Schnee* und *Ausblick ins Elbtal*, wurden zusammen als Heidentum und Christentum gesehen, aber auch als Winter und Sommer oder Tod und Leben. Georg Friedrich Kersting porträtierte die unterschiedlichen Persönlichkeiten von Friedrich und Kügelgen durch ihre Ateliers. Emma Körner berichtete ihrem Bruder Theodor, nachdem sie die beiden Bilder in der Akademieausstellung gesehen hatte: „*Zwey kleine Bilder mit vielem Geist gemacht, haben mich wegen des Contrastes sehr amüsiert. Es sind Kügelgen's und Friedrich's Mahlstuben. Du kennst die gewaltige Einfachheit in der von Friedrich und der Künstler selbst sitzt eben in einer ganz natürlichen Stellung vor seinem Bild, emsig beschäftigt. Bey Kügelgen* [Abb. 49] *ist alles Eleganz und das ganze Zimmer strotzt von Hilfsmitteln zur Kunst, da giebt es Farbengläser, Gipsfiguren und Bücher ohne Ende.*“[144]

Die Besucher der Kunstausstellungen waren geschult, Bilder in der Zusammenschau zu interpretieren und ihnen in unterschiedlichen Gegenüberstellungen unterschiedliche Bedeutung zu geben. Kügelgen zeigte 1810 in der Berliner Akademieausstellung *Apoll und Hyacinth* von 1806 und als Gegenstück seine *Verkündigung*, gemalt 1810, die der preußische König Friedrich Wilhelm III. kaufte. Sie verkörperten in der Gegenüberstellung wie die Bilder von Friedrich Heidentum und Christentum. Die Malerin Louise Seidler, Kügelgens Schülerin, beschrieb in ihren *Lebenserinnerungen*, dass ihr mit einer heute verschollenen Replik von *Apoll und Hyacinth* ein Missgeschick passierte. Zu Beginn seines Unterrichts in der Ölmalerei hatte Kügelgen ihr die Aufgabe gestellt, übergroße Eier zu malen, um Licht und Schatten und Reflexe daran zu studieren. Dabei fiel die von dem Maler nicht richtig fixierte Staffelei mit ihrem Zeichenbrett in das Gemälde *Apoll und Hyacinth* und verursachte einen fingerlangen Riss in der Leinwand: „*Kügelgen hatte im Nebenzimmer den Fall gehört, kam herein und sah gleich das Unglück; todtenbleich und am ganzen Körper zitternd und unfähig, ein Wort hervorzubringen stand ich vor ihm. Aber anstatt zu schelten, suchte er mich zu beruhigen und sagte gutmüthig: ‚Der Riß ist ja nur in's Gewand gekommen, und ich bin selbst daran schuld.*‘“[145]

Kügelgen wiederholte auch die *Verkündigung* und gab ihr nun als Gegenstück ein anderes Bild, *Moses auf dem Berge Horeb*. In der Gegenüberstellung ließen sich die Bilder als Neues und Altes Testament interpretieren. Der Maler

144 Weldler-Steinberg, Auguste (Hrsg.): *Theodor Körners Briefwechsel mit den Seinen*, Leipzig 1910, S. 124.

145 Kaufmann, Sylke (Hrsg.): *Goethes Malerin. Die Erinnerungen der Louise Seidler*, Berlin 2003, S. 75.

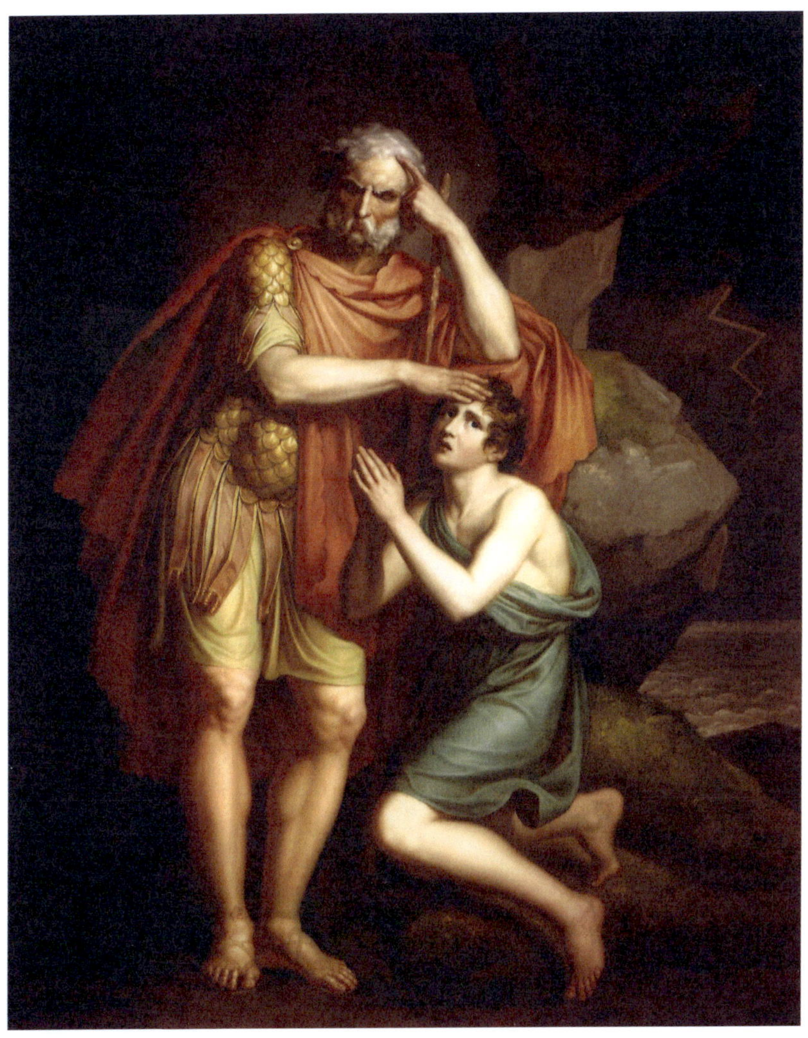

Abb. 55: Gerhard von Kügelgen: *Der blinde Belisar mit seinem Führer*, 1807, Öl auf Leinwand, 118,2 × 89,5 cm © Mittelrhein-Museum Koblenz

beklagte zwar wiederholt in seinen Briefen, wie sehr es ihn schmerzen würde, wenn seine Bilder von Käufern auseinandergerissen würden, doch hier war er es selbst, der die Gegenüberstellung auflöste. Ein Jahr nachdem er das Moses-Bild vollendet hatte, benutzte er es 1811 als Rezeptionsarbeit für die Dresdner Akademie, deren Ehrenmitglied er geworden war.

Neben den Gegenüberstellungen gegensätzlicher Themen in zwei Bildern vermittelte der Maler auch in Zyklen mit Brustbildern seelische Zustände. Dazu gehört der *Musenzyklus*, den Kügelgen 1813 nach der für Napoleon verlorenen Schlacht bei Leipzig malte.

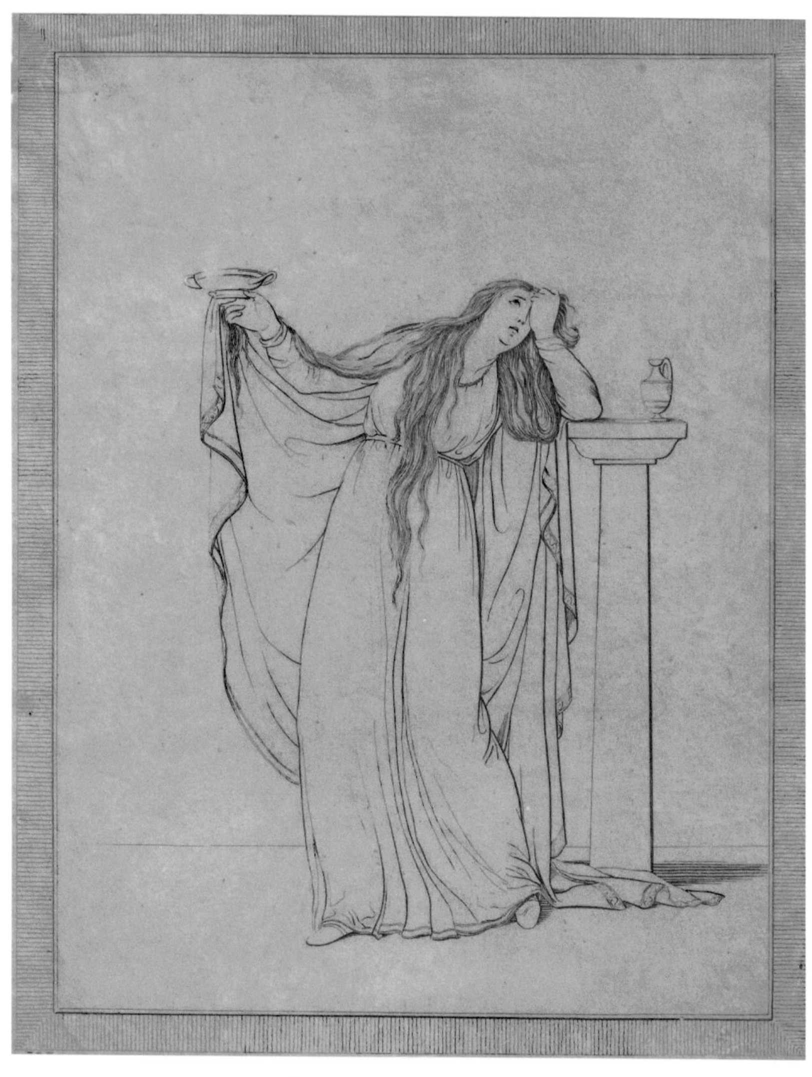

Abb. 56: Tomaso Piroli, nach Friedrich Rehberg (1758–1835): *Emma Hart als Sofonisbe*, 1794, Umrissstich © Privatbesitz

Klio, die Muse der Geschichtsschreibung, schrieb „*mit freudigem Staunen den Tag der Schlacht* [der Völkerschlacht bei Leipzig] *auf die Tafel der Erinnerung.*“[146] Ihr folgte *Melpomene*, die tragische Muse, die die Züge Napoleons trug und das böse Prinzip verkörperte, das siegreich überwunden wurde. Danach kam *Thalia,* die Muse der Komödie, als Aussicht auf eine heitere Zukunft. Die drei Brustbilder waren Sinnbilder für Vergangenheit, Gegenwart und Zukunft. Dieser Zyklus ist heute verschollen. Als die Zukunft sich nicht als so heiter er-

146 Hasse, S. 266.

wies, wie der Maler es sich erhofft hatte, veränderte er nicht nur die Farben des Gewands der Melpomene von blau, weiß, rot, den Farben der französischen Revolution, zu schwarz, rot, gold und tauschte Thalia gegen eine Darstellung der Kybele aus. Sie blickt den Betrachter wehmütig an und trägt auf ihrer rechten Schulter eine mit Eichenlaub umkränzte Urne, auf der die Jahreszahlen 13, 14, 15 zu sehen sind. Kügelgen bezeichnete den Zyklus selbst als allegorische Zeitbilder.

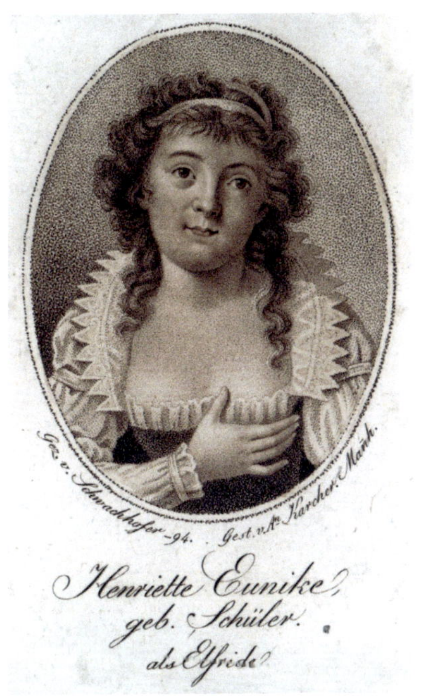

Abb. 57: Joseph Schwachhofer (1772–1829)
Henriette Hendel-Schütz als Elfriede, 1774,
Kupferstich, gestochen von A. Karcher
© Wikimedia

Die Aussage dieser Bilder wird für die Betrachter nur durch die ausdrucksstarke Mimik deutlich. Der Kreis, des an Kügelgens Bildern interessierten Publikums, war im ‚Lesen‘ seiner Gemälde geübt. Den Hintergrund für dies Verständnis bildete die seit Ende des achtzehnten Jahrhunderts so beliebte Attitüde, das gestische und mimische Nachspielen von Plastiken und Gemälden. Wahrscheinlich hatte Kügelgen schon in Rom oder Neapel Attitüden gesehen oder zumindest von ihnen gehört, denn die Idee dazu hatte Sir William Hamiliton (1730–1803), der englische Gesandte am neapolitanischen Hof gehabt. Er hatte Emma Hart (1765–1815), seine Geliebte und spätere Frau, die ihm wegen ihres klassischen Profils alle plastischen Kunstwerke des hellenischen Altertums zu verkörpern schien, dazu angeregt, in einem griechischen Gewand durch raschen Wechsel von Stellungen, Gebärden und Gesichtsausdruck unterschiedliche vertraute Plastiken wie die verlassene Ariadne, die tragische Heldin Sophonisbe mit der Giftschale in der rechten Hand [Abb. 56], oder den Apoll von Belvedere nachzustellen. Lady Hamilton hatte diese Darbietungen nur im Freundeskreis bei Gesellschaften zur Unterhaltung vorgeführt, die viel besprochen und von Künstlern gezeichnet und gemalt wurden. Kügelgen werden die Umrisszeichnungen ihrer Attitüden von Friedrich Rehberg (1758–1835) bekannt gewesen sein, die als Stichwerk verbreitet waren.

Die deutsche Schauspielerin Henriette Hendel-Schütz (1772–1849) machte Attitüden durch öffentliche Vorführungen in ganz Europa bekannt. Sie erweiterte den Kanon klassischer Skulpturen durch Nachahmungen von Gemälden und begeisterte Künstler und Kritiker der renommierten Journale. Sie gastierte – wohl 1814 – in Dresden, und Kügelgen sah mit seinem Sohn Wilhelm ihre

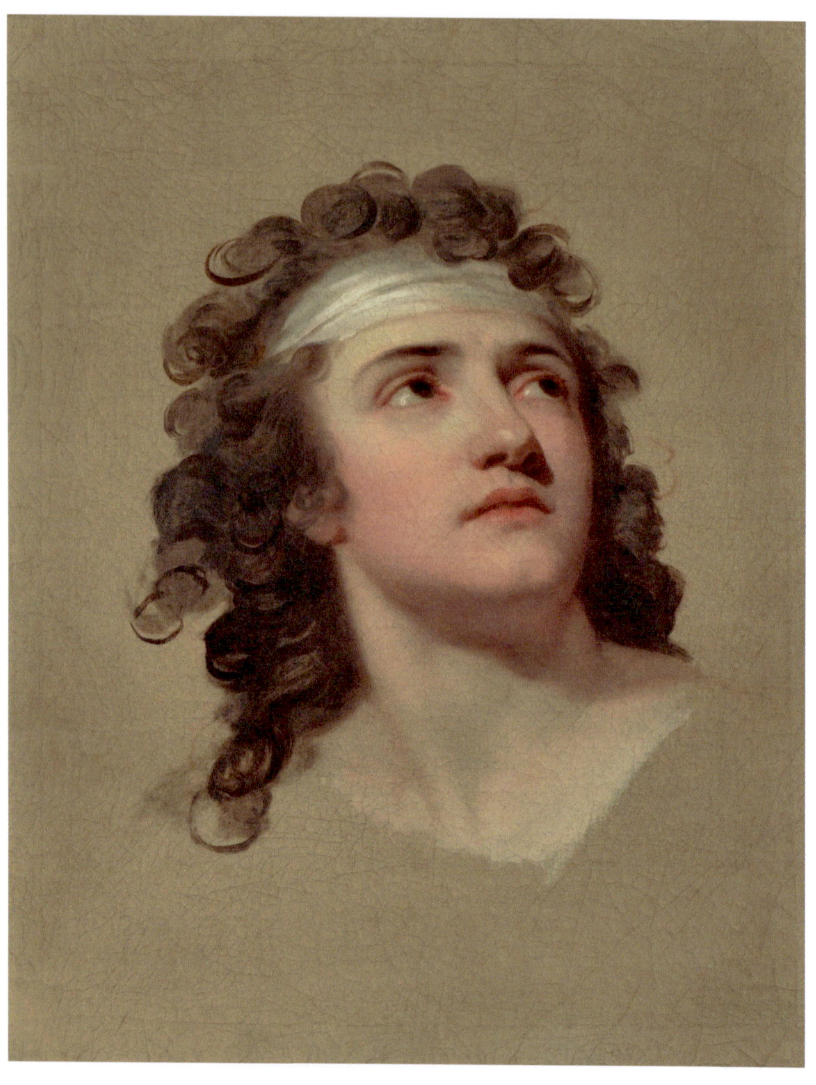

Abb. 58: Gerhard von Kügelgen: *Der verlorene Sohn,* 1819/20, Öl auf Leinwand © Privatbesitz

Vorführung. Anschließend schlug die Künstlerin ihm vor, in seiner Wohnung vor geladenen Gästen eine Aufführung zu geben, für die der Salon umgestaltet und unter dem Kronleuchter ein Podium errichtet wurde. Obwohl Helene Marie von Kügelgen die Schauspielerin unsympathisch war, hatte sie der Aufführung zugestimmt, aber dringend darum gebeten, dass keins ihrer Kinder in die Vorstellung einbezogen würde. So musste Henriette Hendel-Schütz an diesem Abend auf ihren größten Erfolg, die trauernde Niobe verzichten, für die sie sonst ein Kind aus dem Publikum an sich riss. Wilhelm beschrieb die Aufführung, an der sein Vater sich aufrichtig ergötzte: *„Als Sibylle imitierte die Künst-*

lerin ein bekanntes Bild meines Vaters. Dann streckte sie sich nieder auf die Estrade und unter ihren weiten Schleiern schienen die mächtigen Glieder zu schwellen: sie stellte eine Sphinx dar. Die Sphinx aber ward zur Jammergestalt einer büßenden Magdalena mit langem aufgelöstem Haar und diese erhob sich dann als mater dolorosa, um sich endlich in eine heitere, strahlend schöne Himmelskönigin zu verklären. Ein Zuck und Ruck in den Gewändern–und die Verwandlung war stets vollständig vollbracht.“[147]

Auch die von der Künstlerin dargestellte *Sibylle*, die der Maler mehrfach wiederholte, ist wie die Musen ein Brustbild.[148] Sie war nach antiker Vorstellung als Darstellung der Priesterin des Schicksals gedacht und ihr Gegenstück, *Johannes der Evangelist*, als Verkünder christlicher Liebe.[149]

Kügelgen wiederholte in diesem Format Details von verschiedenen seiner Historienbilder, so den *Kopf des blinden Belisars* [Abb. 61], oder den *Kopf der Madonna* aus seiner Kopie der *Sixtinischen Madonna* [Abb. 60]. Als er an dem Dreiviertel Bild des *Verlorenen Sohns* arbeitete, das den Moment der Einsicht eines verfehlten Lebens zeigte, dargestellt nach Lukas 15.19 „*Vater ich habe gesündigt gegen den Himmel und vor dir*“, malte er gleichzeitig ein Brustbild desselben Themas, das auch als Ergänzung zur Darstellung des Seelenzustands des Sohnes gesehen werden kann. Das eine zeigt die Verzweiflung über ein verfehltes Leben, das andere die Sehnsucht nach Vergebung des Vaters [Abb. 58].[150] Das erste Bild wurde nach dem Tod seines Vaters von Wilhelm von Kügelgen vollendet und schon 1820 auf der Akademieausstellung gezeigt, wo es der Sächsische König erwarb.

Zum Zeitpunkt von Kügelgens gewaltsamem Tode war das größere Bild des *Verlorenen Sohns* erst alla prima gemalt, d. h. es fehlten noch die Lasuren, die an dem Kopf [Abb. 58] schon zu sehen sind. Weil auch dieses Bild bis auf die Gesichtszüge nicht fertig gemalt werden konnte, lässt sich daran Kügelgens Arbeitsweise bei allen Bildern zeigen. Über eine fabrikmäßig hergestellte Leinwand wurde eine weiße Grundierungsschicht aufgetragen, auf die mit Blei- oder Silberstift eine lockere Unterzeichnung kam. Darauf trug er die Imprimitur auf, eine einfarbige dünne Farbenschicht, die die Unterzeichnung durchschimmern ließ und in die der Maler dann hineinmalte. Am Gesicht sind schon die Lasuren vertrieben, d. h. die noch nassen Ölfarben wurden mit weichem Pinsel geglättet, sodass die einzelnen Pinselstriche des Farbauftrags im Inkarnat nicht mehr zu erkennen sind. Darüber wurden mit dünnem Pinsel die Akzente, zum Beispiel die rotgeweinten Augen, gezeichnet und die Glanzlichter in die Augen gesetzt. Die Haare sind erst locker grundiert. Darüber wären mit feinem Pinsel verschiedenfarbige dünne Striche gemalt worden, die den Haaren Glanz gaben, wie wir es an dem Leis Porträt sehen können [Abb. 37].

147 Kügelgen, Jugenderinnerungen, S. 167 und Abb. nach S. 192.

148 Hellermann 2001a, H 52.

149 Hasse, S. 194.

150 Hellermann 2001a, H 169. Im Zweiten Weltkrieg wurde es vernichtet. Es wurde aber wiederholt kopiert. Eine der Kopien besitzen die Staatlichen Kunstsammlungen Dresden, Gemäldegalerie Neue Meister.

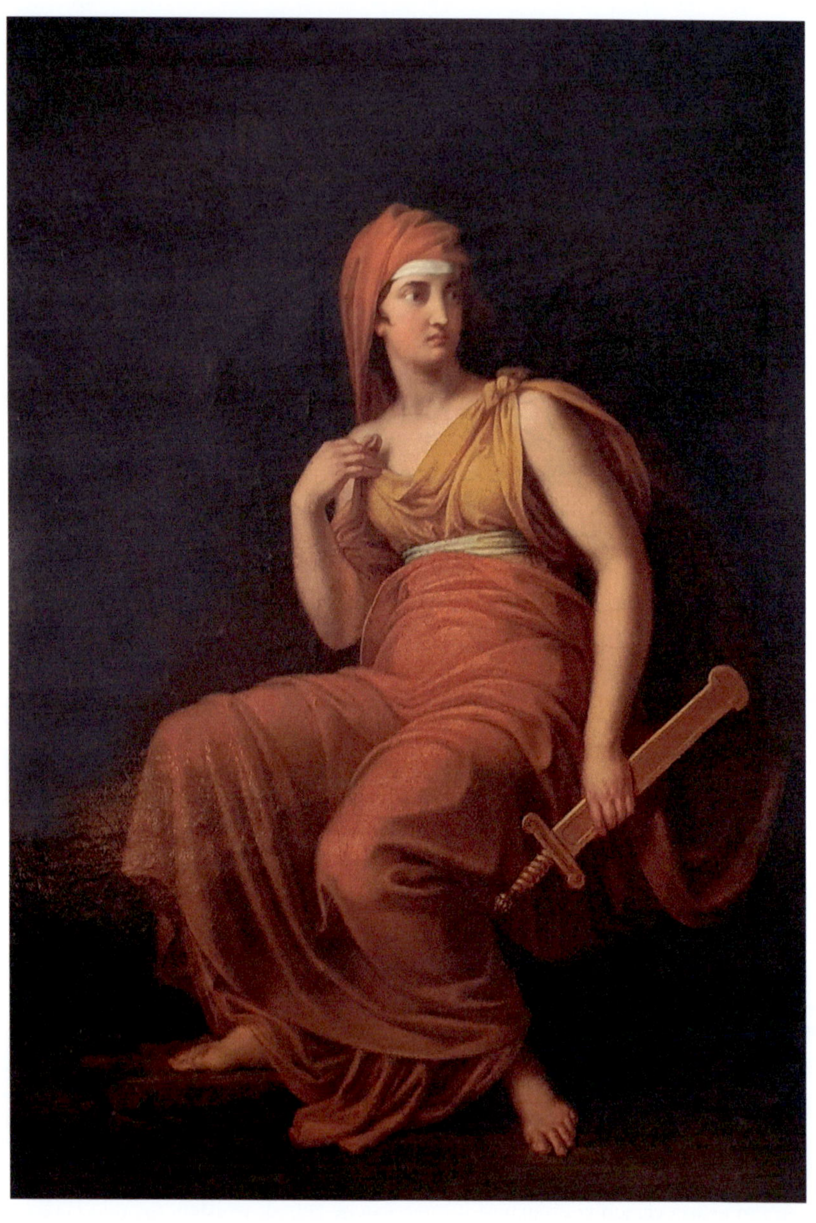

Abb. 59: Gerhard von Kügelgen: *Nemesis*, Öl auf Leinwand

Kügelgen benutzte keine lebenden Modelle für die Komposition seiner Historienbilder, sondern modellierte Figuren aus Wachs. Diese Modellmännchen erklären die wie erstarrt wirkenden Posen seiner Protagonisten in den auf eine Person beschränkten Historienbildern, wie wir es z. B. auch an der Darstellung der *Nemesis* [Abb. 59], sehen können, die er seitenverkehrt nach Asmus Jakob Carstens (1754–1798) Karton der Nacht *Die Nacht mit ihren Kindern Schlaf und Tod* modellierte. Alle Protagonisten der Brust- oder Halbfigurenbilder wurden bildparallel ohne Vordergrund angeordnet. Sie füllen fast den gesamten Bildraum und bekommen dadurch ein viel stärkeres Gewicht, sodass verständlich wird, wieso sich Goethe am 19. September 1810 nach einem Besuch bei Senator Volkmann in

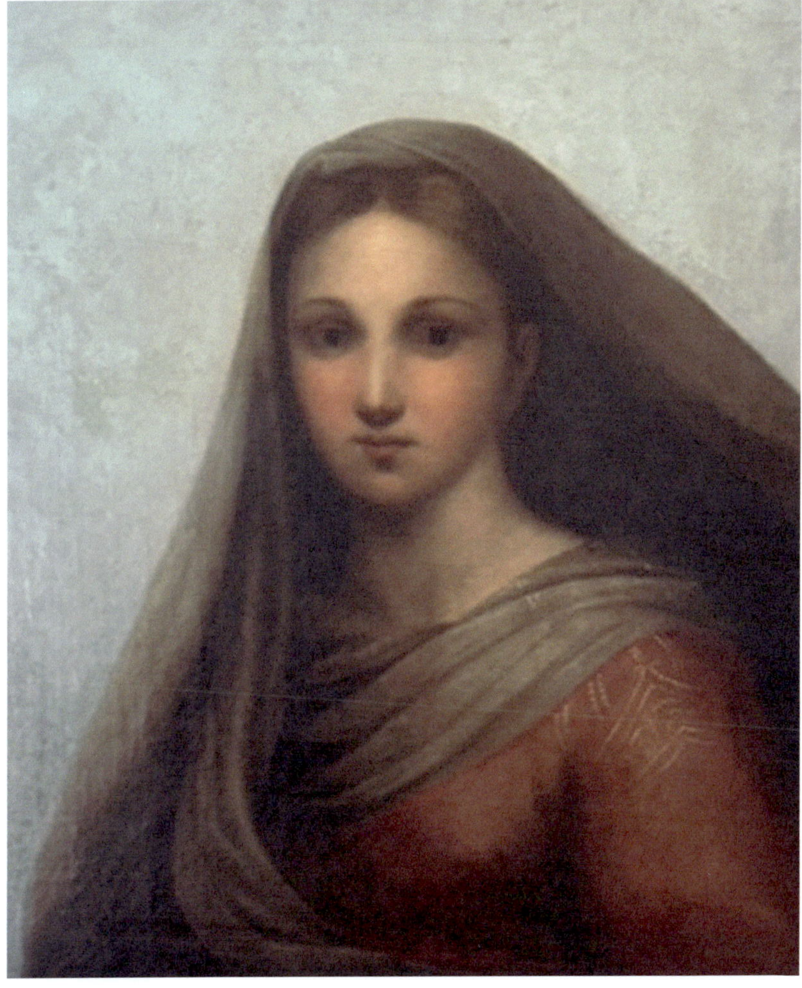

Abb. 60: Gerhard von Kügelgen: *Brustbild der Madonna nach Raffael*, Öl auf Leinwand, 1808 © Privatbesitz

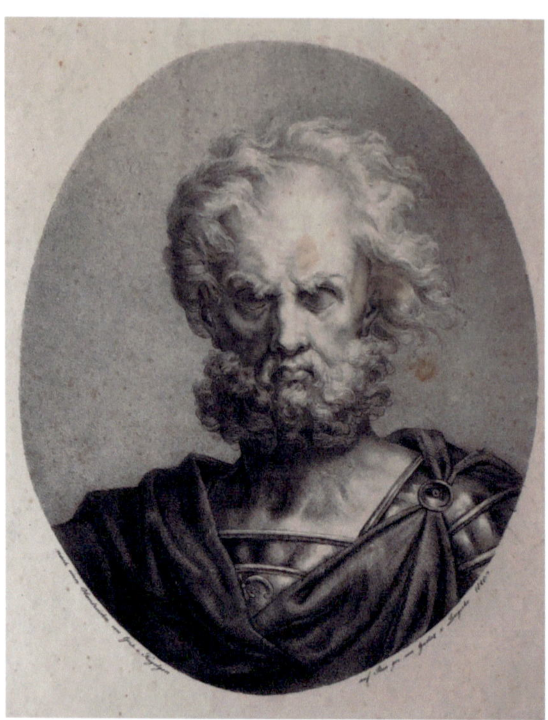

Abb. 61: Gustav von Lengerke nach Gerhard von Kügelgen: *Belisar*, 1820, Lithographie © Privatbesitz

Dresden, bei dem er die zweite Fassung des Zyklus der Religionsstifter sah, zu den gar nicht sehr großen Bildern (69 × 53 cm) notierte: „*Kügelchens Colossale Bilder*".[151] Für uns ist es heute schwer verständlich, warum ein Maler, der so oft in den Briefen an seinen Bruder betonte, wie sehr ihn die Porträtmalerei belästigen und von seinen künstlerischen Ideen abhalten würde, die Gedanken in seinen Historienbildern vorwiegend in einer Person und im gängigen Format seiner Bildnisse darstellte. Er reduzierte die zu ihnen gehörenden ikonographischen Attribute und ‚porträtierte' nur die Gemütszustände seiner Protagonisten, um so auf die Betrachter einzuwirken. Es ist denkbar, dass es vielleicht auch noch ganz pragmatische Gründe für die Vorliebe des Malers für diese Darstellungen gab: er hatte zwar nun ein eigenes Atelier, doch die Maße des Raumes ermöglichten keine größeren Bildformate, um eine Historie erzählen zu können. Dazu kommt, dass er mit seinen Bildern ein neues Publikum ansprach. Die bürgerlichen Interessenten seiner Historienbilder verfügten nicht mehr über saalartige Räume und waren froh, in diesem Format allegorische Bilder erwerben zu können.

151 Zit. nach Volkmann, S. 61.

Aufenthalte in Ballenstedt und Berlin

1812 und 13 wurde Dresden im Zusammenhang mit Napoleons Feldzug nach Russland und den Freiheitskriegen im Wechsel von französischen, russischen und preußischen Truppen besetzt. Helene Marie von Kügelgen schrieb in dieser Zeit Tagebuch, das deutlich macht, wie schwierig das tägliche Leben für die Zivilbevölkerung wurde.[152] Auch der größte Teil der Wohnung im Haus ‚Gottessegen' wurde mit wechselnden Einquartierungen besetzt. Deshalb entschloss sich Gerhard von Kügelgen im August 1813, der Einladung seiner Schülerin Caroline Bardua zu folgen und für einige Zeit zu ihren Eltern nach Ballenstedt überzusiedeln. Caroline hatte ihrem Lehrer ihr eigenes Atelier geräumt, so dass er weiter malen konnte. In einem Brief an Carl August Böttiger schrieb er kurz nach seiner Ankunft: „*Übrigens ist in der hiesigen, von Natur und von Kunst so armen Gegend ein Künstler wie ein ausländisches Thier angestaunt und begaffet, und ich fürchte daher manche Stöhrungen, welchen vorzubeugen die besorgte Bardua den Vorschlag that, mich und meine Arbeiten für Geld sehen zu laßen.*" [153]

Caroline Barduas Vater war Kammerdiener des Herzogs Alexius von Anhalt-Bernburg (1767–1834), und durch ihn bekam die Familie Kügelgen bald Kontakt zum Hof. Die Söhne Wilhelm und Gerhard wurden Spielkameraden des Erbprinzen Alexander (1805–1863), dessen Kammerherr Wilhelm von Kügelgen später werden sollte. Gerhard von Kügelgen erhielt von der Herzogin Friederike Aufträge zu Porträts der herzoglichen Familie und Historienbildern: „*Eines Tages ließ die Herzogin sich im Atelier ansagen und übertrug Kügelgen die Ausführung zweier Bilder aus der heiligen Geschichte: den Besuch der Elisabeth bei Maria und Marias Besuch bei Elisabeth.* [...] *Es war interessant zu sehen, wie der Meister seine Vorstudien zu den Bildern machte. In Ermangelung eines Mannequins modellierte er kleine, in Wachs gearbeitete Figuren, umgab sie mit angefeuchtetem Musselin und legte dann in eifrigem Studium die Falten der Gewänder. Auch suchte er ein Leineweberhäuschen auf und zeichnete dort einen Webstuhl und was sonst von dem armen Hausrat zu den Bildern Passendes sich fand.*"[154]

In den Aufzeichnungen von Caroline Barduas jüngerer Schwester Wilhelmine wird das Zusammenleben der beiden Familien beschrieben. Kügelgen bewohnte mit seiner Familie das obere Stockwerk, gegessen wurde aber gemeinsam in der Barduaschen Wohnung. Abends versammelten sich alle um einen runden Tisch. Kügelgen spielte Gitarre und sang dazu, oder Caroline und Wilhelmine sangen Zeltersche Lieder. Doch es scheint keine leichte Zeit für ihn gewesen zu sein, denn es schmerzte ihn, wie es in seinen Briefen an Carl August Böttiger deutlich zum Ausdruck kommt, den kriegerischen Ereignissen so fern zu sein.

---

152 Kügelgen 1922, S. 175–189.

153 Aus einem Brief vom 17. August 1813, zit. nach Hellermann 2001, S. 126; Hellermann 2001a, S. 326.

154 Werner, Johannes: *Die Schwestern Bardua. Bilder aus dem Gesellschafts-, Kunst- und Geistesleben der Biedermeierzeit*, Leipzig 1929, S. 43; Hellermann 2001a, H 125 und126 usw. Die Bilder waren Supraporten im Salon der Herzogin. Eine genaue Beschreibung der beiden Bilder *Elisabeth bei Maria und Joseph mit Jesus und Johannes* und *Heimsuchung*, siehe Hasse, S. 271.

Er wäre gern in Dresden, *„wo man lebendigen großen Antheil nimmt an der großen Sache, und daß ich es entbehren muß, mit meinen Freunden darüber zu sprechen, mich mit ihnen darüber zu freuen, ist recht hart für mich.“*[155]
Im Februar 1814 verließ Kügelgen mit seiner Familie Ballenstedt und besuchte auf der Rückkehr nach Dresden Verwandte seiner Frau, den Oberforstmeister Friedrich von Ziegesar in dessen Amtswohnung im Schloss Hummelshayn bei Jena, wo die Familie für zwei Monate blieb. Dessen Frau Marie, geb. von Borg, war eine Cousine von Helene Marie von Kügelgen. Der Aufenthalt wurde länger als ursprünglich geplant, weil Kügelgens Frau am ‚Nervenfieber‘ (Typhus) erkrankte und sechs Wochen liegen musste. Von Hummelshayn aus besuchte Kügelgen die Großfürstin in Weimar und bekam von ihr den Auftrag zu einer Verkündigung, wieder in zwei Brustbildern, der *Madonna mit dem blauen Schleier* [Abb. 26] und dem rosenbekränzten *Engel der Verkündigung*,[156] für die er später im September noch einmal nach Weimar zurückkehrte. Außerdem malte er während des Aufenthaltes in Hummelshayn unter großem Zeitdruck in drei Wochen das große allegorisches Bild *Der Sturz des Luzifer* für die Akademieausstellung in Dresden. Es stellte den Sieg des guten Prinzips über das Böse dar. Das Gute in Gestalt des Erzengels Michael trug die Züge des russischen Kaisers Alexander mit Hinweisen auf seine Verbündeten Preußen und Österreich. Das Böse war ein stürzender Luzifer mit den Zügen Napoleons.[157]
Kügelgen beschrieb das Bild Carl August Böttiger einen Tag bevor er es nach Dresden abschickte: *„Napoleon ist auf gejagt von seinem Trohne, auf welchem sein Purpur zurückgeblieben, und flieht vor dem Genius, der ihm mit Schild und Spieß zu leibe geth, hinab in die Flammen. Im Sinken schleutert er noch mit der Rechten den Donnerkeil des Jupiters, mit welchem er sich gerne bilden ließ, und in der linken hällt er die Schlange als Sinnbild der Sünde und Lüge, und die sonst so treue Gefährtin beißt ihm nun in den eigenen Arm. Ich dachte mir hierunter, daß die begangenen Verbrechen sich nun am Thäter rächen. Sein Haupt ist mit der goldenen Lorbeerkrone geziehrt und seine Gestalt ist biß auf den halben Leib entblößet und mit einem blauen Mantel umgeben mit roth und weißer Kannte, als Repressentant der Franzoßen. Die Füße haben Sandalen mit goltenen Spangen. Sein Kolorit ist gelbblaß, jedoch nicht ekelhaft und in der Ähnlichkeit will ich nicht selbst entscheiden, ob sie so gelungen, wie man sie auf diesem Platze wünschen kann. In dem Genius* [Michael] *dachte ich mir den Representanten der Aliirten und ich habe, um ihn nicht gar zu Buntscheckich zu signalisieren, nur die 3 Hauptmächte–Rußland–Preußen und Ostreich kenntlich zu machen gesucht.“*[158]
Es folgt eine ausführliche Beschreibung vieler weiterer allegorischer Details. Das Bild ist verschollen und nur durch eine Umrisszeichnung in den *Jugenderinnerungen* überliefert [Abb. 62]. Es wurde ausführlich in verschiedenen Journalen beschrieben und vorwiegend kritisch aufgenommen. *„Und wenn auch bei einem Bilde, wo selbst die Farben allegorisch seyn sollten, gerade über*

155 Brief vom 18. September 1818; Hellermann 2001a, S. 334 f.
156 Hellermann 2001a, H 135 u. 136.
157 Ebd. H 138. Das Bild ist verschollen.
158 Aus einem Brief vom 23. März 1814; Hellermann 2001a, S. 334 f.

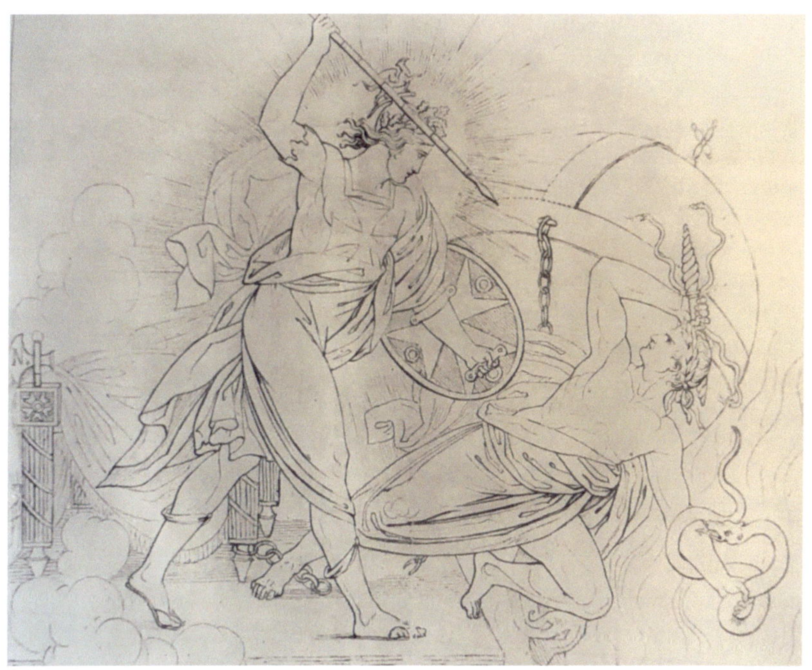

Abb. 62: Gerhard von Kügelgen: *Der Sturz des Luzifer*, Federskizze © Privatbesitz

Farbengebung und Haltung manche Verschiedenheit des Urtheils Statt fand, ja wenn auch darüber die Meinungen getrennt blieben, ob es thunlich sey, die vollkommene Portraitähnlichkeit in das Gesicht des Stürzenden zu bringen, da dies dem Reinsymbolischen zu widersprechen schien, so fehlte es doch nirgends an freudiger Anerkennung des charakteristischen Ausdrucks in diesem echtpatriotischen Gemälde [...].“[159]

Goethe, der Napoleon bewunderte, hörte in Jena von dem Bild und schrieb am 7. März 1814 an Johann Heinrich Meyer: „*Von Seiten der Kunst bedroht uns hier ein Schrecknifß. Kügelgen, auf seiner Rückkehr von Ballenstedt, hat sein Atelier in Hummelshayn aufgeschlagen und mahlt abermals das gute und das böse Prinzip; aber nicht, wie früher, jedes einzeln für sich, sondern beydes im Streit begriffen. Wem das böse ähnlich sehen wird, ist leicht zu erraten; das gute hingegen gleicht, ich wette, auf ein Haar den Gebrüdern Kügelgen.*“[160]

Im Mai kehrte die Familie nach Dresden zurück. Am Ende des zitierten Briefs an Böttiger schrieb Kügelgen, dass er wohl nicht in absehbarer Zeit mit einer Anstellung an der Dresdner Akademie rechnen könnte, doch wurde er noch im selben Jahr zum Außerordentlichen Professor für das Porträtfach ernannt. Im Herbst 1815 unternahm Kügelgen eine Kunstreise nach Berlin, um die

159 *Deutsche Blätter* Nr. 129, S. 572.

160 Zit. nach Hellermann 2001a, S. 132.

Sammlung des römischen Cardinals Giustiniani wiederzusehen, die der König Friedrich Wilhelm III. gerade in Paris gekauft hatte.

Wegen größerer finanzieller Verluste beschloss der Maler, sich wieder auf die Porträtmalerei zu konzentrieren und arbeitete 1816 und 1817 mehrere Monate in Berlin, in der Hoffnung, seinen Petersburger Erfolg wiederholen zu können. Seine Ankunft in Berlin wurde im März 1816 im *Morgenblatt* vermerkt: „*Der ausgezeichnete Geschichts=und Bildniß=Mahler Gerhard v. Kügelgen ist von Dresden auf sechs Wochen zu uns gekommen und hoffentlich wird es ihm bey uns gefallen, denn außer der freundlichen Aufnahme, die seinem Talente gebührt, hat der Künstler schnell Aufträge gefunden, die ihm angenehme Bekanntschaften und Beschäftigungen geben.*“[161]

Er bekam wirklich rasch Aufträge, darunter für Bildnisse der königlichen Familie, „*die ich sehr genau kennen zu lernen das Glück hatte*“, wie der Maler seinem Bruder schrieb.[162] Friedrich Wilhelms III. Tochter Charlotte heiratete 1817 den russischen Großfürsten und späteren Zaren Nikolaus I., die er als ganze Figur für ihren Vater porträtierte.[163] Die Bilder ihrer Geschwister, des Kronprinzen Friedrich Wilhelm und der Prinzessin Alexandrine kamen mit nach Petersburg.

Kügelgen genoss während seines Aufenthalts in Berlin die Auszeichnung, dass die königliche Familie zu Sitzungen in seine Privatwohnung kam, um ihm die Wege zu ersparen. Er schrieb seiner Frau „*Zum Glück führt mir Gott diesmal lauter interessante und charakteristische Köpfe zu, und die Zufriedenheit mit der man meine Arbeiten aufnimmt, ist ordentlich schmerzstillender Balsam von Gott gesendet.*“[164] Zu den ‚interessanten Köpfen‘ gehörte der Arzt Christoph Wilhelm Hufeland (1732–1836), einer der berühmtesten Ärzte seiner Zeit, der Leibarzt der königlichen Familie in Berlin war [Abb. 63]. Kügelgens Porträt bezieht sich auf Hufelands Todesbetrachtungen. Der Arzt legt seine linke Hand auf einen Totenschädel, neben dem eine Citrusblüte als Symbol des Lebens liegt.[165]

Zurück in Dresden schrieb er im Mai 1816 seinem Bruder: „*Mein Berliner Aufenthalt war sehr lohnend, da ich dort in drei Monaten zehn Porträts angefangen habe, von welchen ich gleich sieben fertig zurückließ, die andern hier vollenden will. Ich tummele mich noch einmal in mühevoller Anspannung, mit rascher Tätigkeit, aber weit geringerem Erfolg als damals in Petersburg, nicht mehr mit der fröhlichen Wahrscheinlichkeit, mir noch einmal ein unabhängiges Leben zu erkämpfen, doch zufrieden, mir den Lebensunterhalt erschwingen zu können.*“[166]

Nach seinem ersten Aufenthalt in Berlin brachte der Maler seinen zweiten Sohn Gerhard nach Ballenstedt, der nun mit dem Erbprinzen zusammen unterrichtet und erzogen werden sollte, und bekam dort von der herzoglichen Familie weitere Porträtaufträge. Im Mai 1818 holte der Vater ihn früher als

161 *Morgenblatt* vom 19. April 1816, S. 380.

162 Hasse, S. 288.

163 Hellermann 2001a P 270, 271, 272.

164 Hasse, S. 288.

165 Hellermann 2001a P 258.

166 Kügelgen 1922 S. 215.

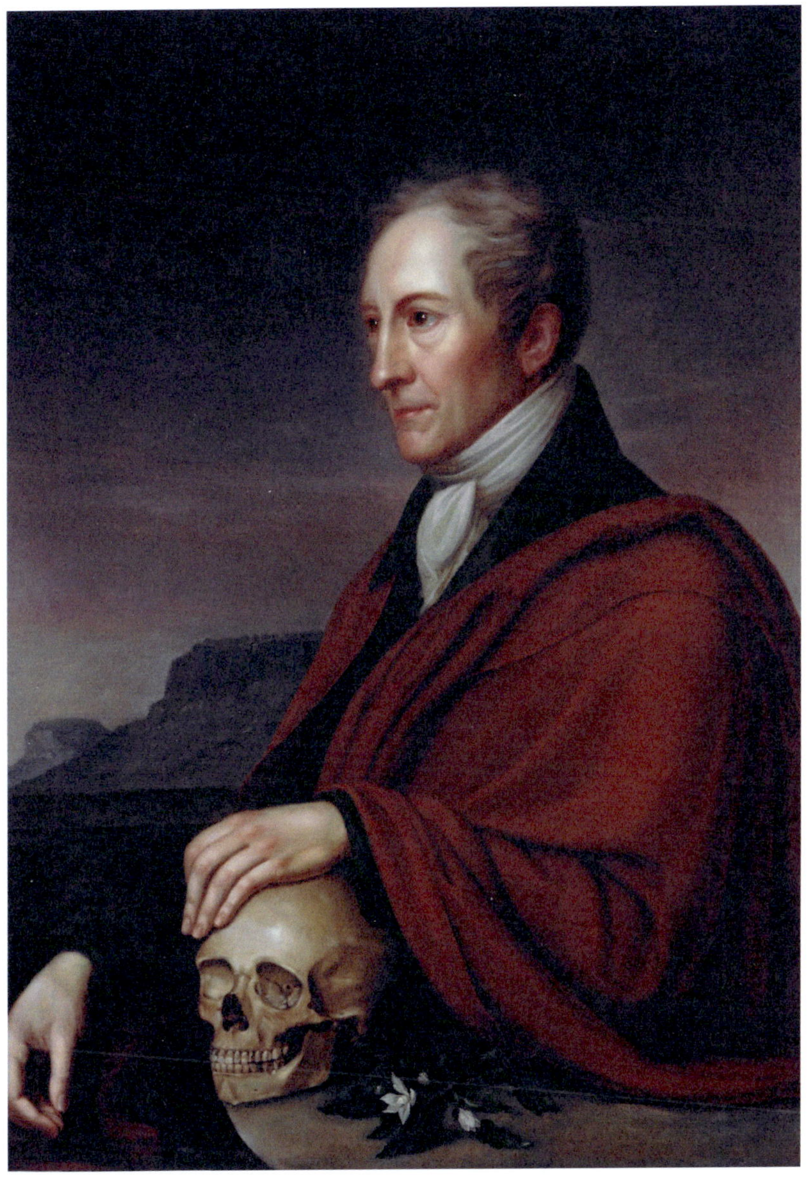

Abb. 63: Gerhard von Kügelgen: *Christoph Wilhelm Hufeland*, um 1817, Öl auf Leinwand © Rolf Grosser

geplant wieder ab. Wilhelm hingegen war ab 1817 für ein Jahr Gast im Hause des Superintendenten Friedrich Adolf Krummacher (1767–1845), seines späteren Schwiegervaters, in Bernburg, um dort das Gymnasium zu besuchen.

Professor in Dresden

Trotz seines reichen Arbeitspensums, die Berliner und Ballenstedter Aufträge fertig zu stellen, hatte Gerhard von Kügelgen während seiner Aufenthalte in Dresden wieder ein reges gesellschaftliches Leben. Aus mehreren Briefen Helene Maries von Kügelgen an ihre Verwandten in Estland erfahren wir, dass sie sich immer wieder zum Geburtstag ihres Mannes etwas Besonderes überlegte. Am 6. Februar 1817 war es der neue Kapellmeister der Dresdner Oper, Carl Maria von Weber, der allen den Abend durch sein herrliches Spiel verschönte.[167] Bald danach war Kügelgen dann wieder in Berlin: „*Ich bin nun seit zwei Monaten hier und wirklich fast erdrückt von Arbeit. Von morgens 6 Uhr bis 6 am Abend vergönne ich der Essenszeit und der Ruhe oft nur eine Stunde. Dabei sind meine Zimmer wie ein Taubenschlag, denn die große und schöne Welt spaziert beständig aus und ein. Meine arme Künstlerseele wird dabei zertrampelt wie ein Marktweg. Die Finger werden mir vom Pinselhalten oft so steif, daß ich sie gar nicht gerade machen kann. Bin bei alle dem gesund und lerne Geduld. – Was mich jammert, sind so manche Ideen, dem liebenden Herzen entwachsen, um von meinem Pinsel Gestalt und Wirklichkeit zu erhalten – sie schwinden hin wie bunte Seifenblasen.*“[168]

Die Ursache für Kügelgens finanzielle Probleme war die Fehlinvestition seines Bruders in eine Zuckerrübenfabrik in der deutschen Kolonie Anton an der Wolga. Carl hatte sich zwar rechtzeitig vor dem Konkurs Constantin Slobins sein und seines Bruders Vermögen auszahlen lassen, doch die Investition in die Zuckerrübenfabrik erwies sich als Fehlschlag. Er musste sie 1816 mit großem Verlust verkaufen und kehrte nach St. Petersburg zurück. Obwohl Gerhard auf die Rückerstattung seines Kapitals verzichten wollte, hat Carl ihm alles zurückgezahlt.[169]

Am 24. September 1818 wurde der Antrag auf Ernennung Kügelgens zum Ordentlichen Professor der Dresdner Akademie gestellt und am 3. Oktober bewilligt. Die Professur bedeutete ein jährliches Gehalt von tausend Talern. Trotz seiner nun wieder gesicherten Einkommensverhältnisse nahm er auch in Dresden Porträtaufträge an. Zu den in diesen Jahren entstandenen Porträts gehört das Bildnis eines unbekannten jungen Offiziers vor landschaftlichem Hintergrund [Abb. 64] und das Bildnis der Henriette Freifrau von Gutschmid [Abb. 65]. Es zeigt die junge Frau ebenfalls im Freien, im Hintergrund den Blick über die Elbe auf Dresden. Ihr Oberkörper ist fast im Profil abgebildet, während ihr Kopf mit ernstem, sinnendem Gesichtsausdruck dem Betrachter zugewandt ist, wodurch der Maler einen intensiven direkten Kontakt zwischen der Dargestellten und dem Betrachter erreichte.

Anfang 1819 reiste Kügelgen wegen einer familiären Angelegenheit nach Bacharach und dehnte die Reise aus, um in Mannheim, Karlsruhe, Heidelberg und Stuttgart Kunstwerke anzusehen. In Heidelberg faszinierte ihn die Samm-

167 Kügelgen 1922, S. 217.

168 Brief an Carl vom 16. April 1817, Hasse, S. 286.

169 Kügelgen 1922 S. 213 und 234.

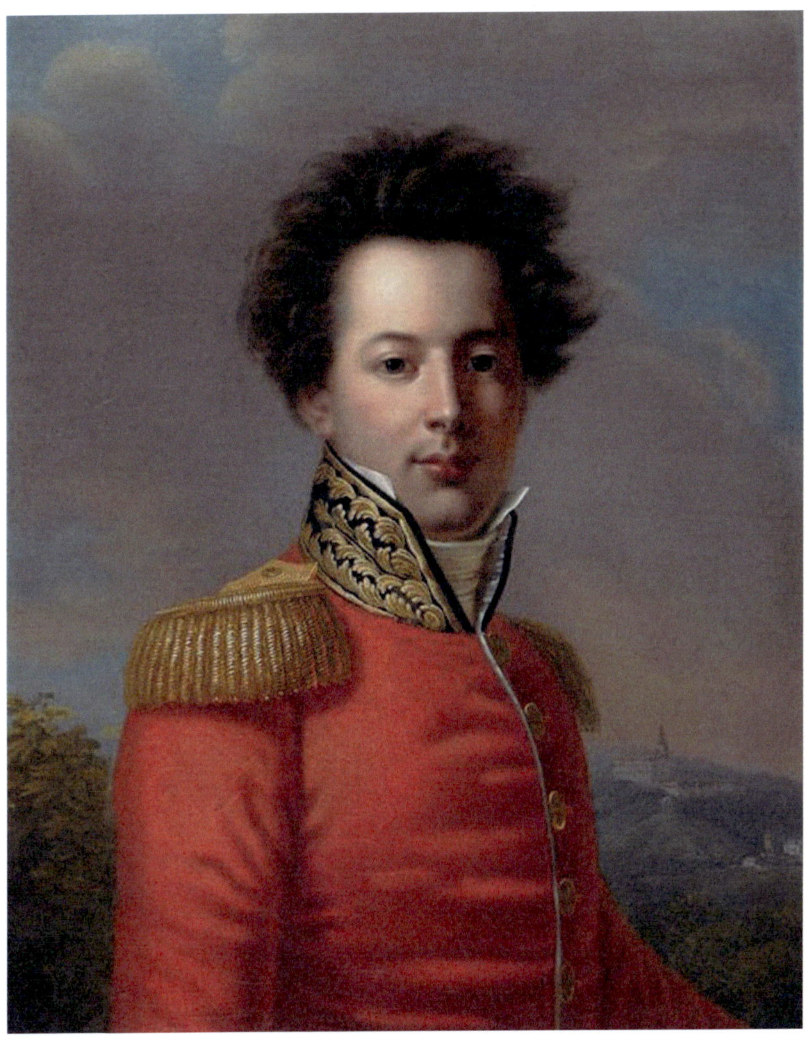

Abb. 64: Gerhard von Kügelgen: *Bildnis eines jungen Adeligen in rotem Uniformrock*, um 1816, Öl auf Leinwand, 68 × 55 cm © Koller-Auktionen

lung mittelalterlicher Kunst der Brüder Boissserée, über die er an Carl schrieb: *„Ich bin erstaunt, wie hundert Jahre vor Raphael die Kunst in unserem Vaterlande schon im Flor war.“*[170]

Sein Interesse an diesen Bildern entsprach der nach den Freiheitskriegen erwachten patriotischen Begeisterung für alles Altdeutsche, das Gerhard auch an seinem Sohn Wilhelm erlebte, der sich wie seine Freunde altdeutsch kleidete.[171]

170 Hasse, S. 305.

171 Kügelgen, Jugenderinnerungen, S. 288. Auch die geschlitzten Ärmel des Kleides von Henriette von Gutschmid erinnern an die Mode der Renaissance.

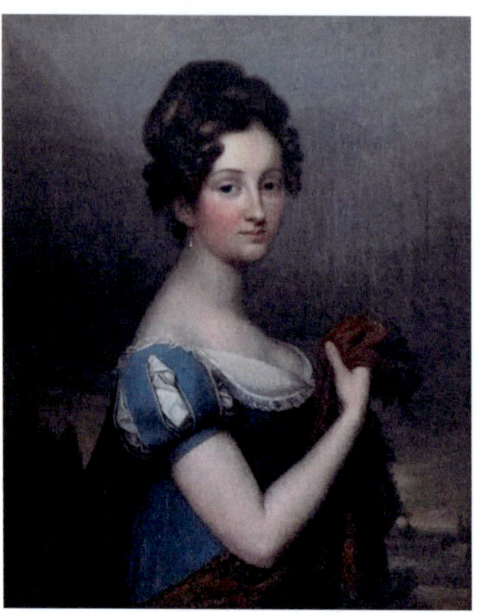

Abb. 65: Gerhard von Kügelgen: *Henriette Wilhelmine Freifrau von Gutschmid*, um 1816, Öl auf Leinwand © Privatbesitz

Wilhelm war im Sommer 1818 Student der Dresdner Kunstakademie und somit auch Schüler seines Vaters geworden, dessen Unterricht er in seinen *Jugenderinnerungen* liebevoll beschreibt: *„Sein offenes, zutrauliches Wesen, seine Urbanität und die Meisterhilfen seiner Korrekturen gewannen ihm die Herzen auf der Stelle. Man drängte sich zu diesen Korrekturen, die ebenso fest und sicher als schonend waren, und Jeder hatte dabei das Bewußtsein, daß der Meister ihm seine volle Teilnahme schenke und ihn gern fördern wolle. Er machte nicht allein auf Fehler aufmerksam, sondern auch auf den Grund derselben, überall dem Auge durch Verstand zu Hilfe kommend, und legte er Hand an, so wurde besonders dankbar erkannt, daß er geflissentlich die Sauberkeit der Zeichnung schonte, um die Lust des Weiterarbeitens nicht zu stören. Nur mit leichter Kohle deutete er die nötigen Veränderungen an, oder wo dies bei allzu mangelndem Formverständnis nicht ausreichte, führte er einzelne Details am Rande aus, und zwar mit spielender Leichtigkeit in wenigen Minuten schaffend, wozu wir Stunden brauchten.“*[172]
Kügelgen hatte zwar in der Wohnung im Haus ‚Gottessegen‘ ein eigenes Atelier, doch war der Raum für größere Gemälde nicht geeignet, was, wie schon erwähnt, auch zu seiner Vorliebe für porträtartige Historienbilder beitrug. Als er durch seinen Freund Hans Schwartz den Auftrag zu einem Altarbild für eine Kirche in Riga bekam, wurde die Suche nach einem eigenen Haus mit großem Atelier dringlicher. Im Sommer 1819 konnte Kügelgen einen lang gehegten Plan verwirklichen und kaufte sich in Loschwitz bei Dresden einen Weinberg, wo er mit seiner Familie oft den Sommer verbracht hatte: *„Das Gehöft mit dem Wohnhause war halbwegs zwischen der Mordgrundbrücke und dem Loschwitzer Dorf in mittlerer Höhe des Bergzugs gelegen, der von der Sächsischen Schweiz längs der Elbe herstreicht. Von hier aus stieg die mit Obstbäumen untermischte Weinanlage aufwärts bis zum Rücken des Berges und verlief dann weiter bis zum Rücken des Berges und verlief dann weiter nach dem „Weißen Hirsch“ und der Bautzener Straße zu in Wiesen, Feld und Eichengestrüpp .Ich glaube nicht zu übertreiben, wenn ich sage, daß man von der Höhe mindestens sechzehn Quadratmeilen übersah mit einmal so viel Ortschaften, unzähligen Schlössern*

172 Kügelgen, Jugenderinnerungen, S. 340.

und Landhäusern, Wäldern, Feldern, Bergen und Tälern, den breiten Elbstrom mitten durchgeschlungen. Zählt man zu diesen Eigenschaften noch das pretium affectionis eigenen Besitzes, so konnte unser Weinberg, wie er eben war, uns schon als Paradies erscheinen, und was mußte es erst werden, wenn alle Neubauten und Verbesserungen hinzukamen, die noch im Plane lagen. [...] *Vor allem aber gedachte der Vater, der sich bis dahin mit ungeeigneten Lokalen behelfen mußte, ein großes Atelier mit wandbreitem Fenster anzubauen und konnte es kaum erwarten, wie klar und farbig er in solchem Lichte malen werde.*"[173]

Der Maler sollte dieses Atelier nie bewohnen. Am 27. März 1820 wurde er auf dem Rückweg von seinem Weinberg, wo er den Arbeitern ihren wöchentlichen Lohn ausgezahlt hatte, abends auf der Bautzener Landstraße von einem Soldaten erschlagen und beraubt. Sein Sohn Wilhelm fand ihn am nächsten Tag – „*da lag mein Vater, erschlagen und entkleidet in einer Ackerfurche*".[174]

Die *Jugenderinnerungen* schließen mit dieser Beschreibung und dem Satz „*Und hiermit mag ein Schleier auf mein weiteres Ergehen fallen.*"

Wilhelm ist sein ganzes Leben mit dem Tod seines Vaters nicht fertig geworden, da er sich für dessen Tod indirekt schuldig fühlte. Der Vater hatte ihn, bevor er sich auf den Weg nach Loschwitz machte, gefragt, ob er ihn begleiten würde, aber Wilhelm sagte ihm wegen einer an diesem Abend stattfindenden Chorprobe in der Singakademie ab. Fünfunddreißig Jahre später lebte er als Kammerherr des geisteskranken Herzogs Alexander Carl von Anhalt-Bernburg meist abgeschieden von dem Trubel seiner großen Familie und des Hofes in Ballenstedt in Schloss Hoym. Zu dieser Zeit war der Ruhm seines Vaters allmählich verblasst und Wilhelm begann, die *Jugenderinnerungen* zu schreiben, die er nicht zur Veröffentlichung schrieb, aber für ihn selbst ein Denkmal für seinen Vater bedeuteten. Die vielen humorvoll beschriebenen Episoden seiner Kindheit und Jugend und die Schilderungen des künstlerischen Erfolgs seines Vaters sollten ihm helfen, die traumatische Erinnerung an dessen Ermordung zu überwinden. Sie wurden 1870, drei Jahre nach seinem Tod, anonym veröffentlicht und sehr schnell ein großer Erfolg. So erreichte Wilhelm postum, dass sein Vater, im Gegensatz zu seinen Dresdner Künstlerfreunden, wie Caspar David Friedrich, nicht in Vergessenheit geriet.

Wilhelms *Jugenderinnerungen* bezeugen die Lebendigkeit, Liebenswürdigkeit und Menschenliebe Gerhard von Kügelgens und beschreiben ihn nicht nur als Künstler, sondern auch in verschiedenen Episoden, ungewöhnlich für die Zeit, als liebe- und verständnisvollen Vater.

Die Nachricht von dem plötzlichen, grausamen Tod des Malers verbreitete sich blitzschnell und löste heftige Erschütterungen aus. Am 30. März, Gründonnerstag abends, wurde er auf dem Katholischen Friedhof in der Friedrichstadt beigesetzt: „*Es war ein herrlicher Frühlingstag und die schönste Vollmondnacht, als die öffentliche Theilnahme Männer und Jünglinge aus allen Ständen in und vor dem Hause der Trauer vereinigte. An den Zug der Zöglinge und Mitglieder*

173 Ebd., S. 337 f.

174 Ebd., S. 353.

der Akademie schlossen sich viele der ersten Bewohner der Stadt vom Civil und vom Offiziercorps an. Dem Leichenwagen folgten vier und zwanzig Wagen aus der Stadt; achtzig Fackeln, von hundert und fünfzig Zöglingen der Akademie begleitet und getragen, flammten, von dem milden Mondlichte gebleicht, dem langen Trauerzug voran."[175]

Den an antike Vorbilder erinnernden Trauerzug hatte der langjährige Dresdner Freund Carl August Böttiger inszeniert. Er sprach am offenen Grab *Andeutungen am Grabe*, in denen er das Wesen, das Streben und die Leistungen des Künstlers würdigte.[176] Friedrich Kind (1768–1843), der das Libretto für Carl Maria von Webers *Freischütz* schrieb, dichtete am Tage des Begräbnisses *Gerhard von Kügelgen, Eine Phantasie*, in der er Bilder des Malers auf sein Leben und sein Wesen bezog.[177] Aber diese überwältigende Teilnahme an Kügelgens Tod reizte auch zu spöttischen Urteilen. Der in Dessau lebende Dichter Wilhelm Müller (1794–1827) schrieb am 18. April an den schwedischen Dichter Per Daniel Atterboom (1790–1855): „*Kügelchens Mord hat die Dresdner literarische Welt gewaltig ergriffen. Böttiger hat antikes Trauergepränge gemacht, zum Ärgernis der Romantiker, und in dem Liederkreise wird es auch nicht an Elegien fehlen.*"[178]

Zum Liederkreis gehörte auch die Schriftstellerin Helmina von Chézy (1783–1856), die in ihren Lebenserinnerungen noch Jahrzehnte später die Trauer um Kügelgen beschrieb: „*Es gibt Begebenheiten, bei denen das Auge des Leidenden fragend wie ein stiller Vorwurf gen Himmel schaut. Eine solche war des herrlichen Kügelgen`s Ermordung. In Kügelchen wog an innerm Werth und äußerer Vollendung der Künstler den Menschen, der Mensch den Künstler auf. Eine lyrische Natur war er nicht; treuer aber hat wol niemand nach Vollendung und innerer Schönheit gestrebt als er.*"[179]

Der von der Familie in Auftrag gegebene Grabstein, den Caspar David Friedrich entwarf, trägt auf der Vorderseite in Antiqua den Namen und die Daten des Verstorbenen:

Franz Gerhard
v. Kügelgen
geb. 6. Februar 1772
gest. 27. März 1820

Darüber steht im Strahlenkranz *Jehova* und auf der Rückseite oben *Jesus*. Darunter steht:

Ev. St. Joh. Cap. 14 Vers 27
Den Frieden lasse ich Euch
Meinen Frieden gebe ich Euch

175 Hasse, S. 346.

176 Veröffentlicht bei Hasse, S. 407– 413.

177 Hasse S. 414 ff. u. Hellermann 2001a, S. 373.

178 Leistner, Maria-Verena (Hrsg.): *Wilhelm Müller. Werke, Tagebücher, Briefe*, Bd. 5, S. 154.

179 Guth, Karl Maria (Hrsg.): *Helmina von Chézy. Unvergessen. Denkwürdigkeiten aus dem Leben von Helmina von Chézy. Von ihr selbst erzählt*, Berlin 2013, S. 384.

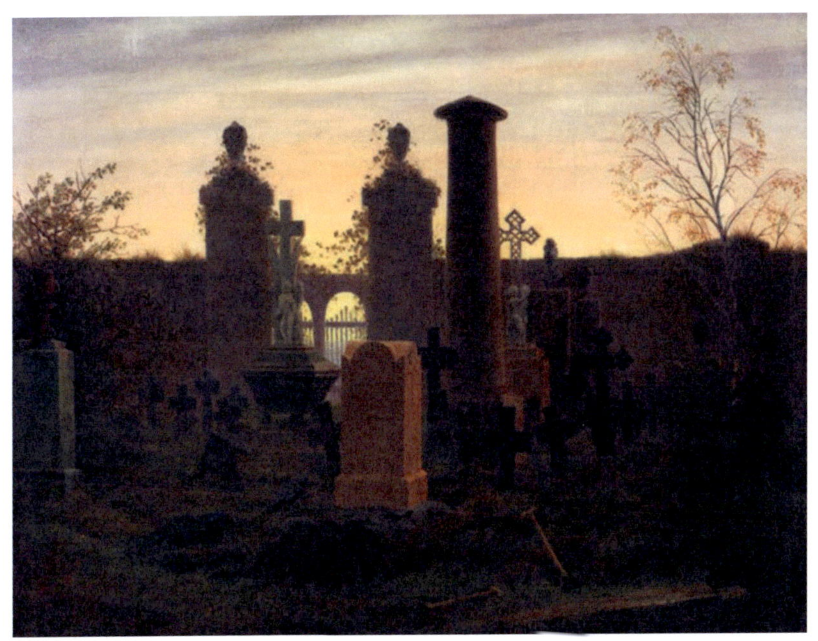

Abb. 66: Caspar David Friedrich: *Kügelgens Grab,* um 1821, Öl auf Leinwand, 41,5 × 55 cm

Nicht gebe ich Euch,
wie die Welt gibt.

Euer Herz erschrecke nicht
und fürchte sich nicht.[180]

Als Kügelgens Frau mit den Kindern 1822 für zwei Jahre nach Estland zog, malte ihr Caspar David Friedrich zum Abschied den Friedhof mit dem Grab, als Gegenstück zum Bild des Friedhofs in Pawlowsk mit dem Grab ihrer ersten Tochter Maria, das ihr Schwager Carl gemalt hatte.[181]
Bei der Jahresabschlussfeier des Dresdner Liederkreises am letzten Abend des Jahres 1820, gedachte Friedrich Kind an Gerhard von Kügelgen: „*Ein edler Mensch und trefflicher Künstler, durch Bande des Geistes und Herzens uns Allen nahe verbrüdert, der wohl auch zu Zeiten mit seinen freundlich=sonnigen Blicken in dieser Versammlung weilte, ward uns und der irdischen Welt leider entrissen. Sey denn diese Erinnerung an ihn am Schlusse des Jahres, in dessen Lenze er seinen edlen Geist aushauchte, noch ein Requiem für ihn!*“[182]

180 Kluge S. 171–175 mit Abb.; vgl. Hans Joachim Kluge: *Caspar David Friedrich: Entwürfe für Grabmäler und Denkmäler,* Berlin 1993, S. 171-175 mit Abb. Das Grab auf dem Alten Katholischen Friedhof ist erhalten geblieben.

181 Börsch-Supen/Jähnig, Abb. 290 und Kügelgen 1924, Abb. S. 155.

182 Hasse, S. 350.

Kurzbiographie

1772	Am 6. Februar werden die Zwillinge Gerhard und Carl als fünftes und sechstes von acht Kindern des Kurfürstlich Kölnischen Hofkammerrats Franz Anton Kügelgen und seiner Ehefrau Justina, geb. Hoegg, in Baccharach am Rhein geboren. Schon früh zeigt sich bei beiden eine zeichnerische Begabung.
1786	Die Zwillinge besuchen seit dem Herbst des Jahres das Gymnasium in Bonn, um sich auf ein Studium vorzubereiten.
1788	Tod des Vaters. Danach gibt die Mutter Gerhard die Erlaubnis, Unterricht bei einem Maler zu nehmen.
1789	Gerhard wird in Koblenz Schüler des Malers und Freskanten Januarius Zick.
1790	Gerhard und Carl werden beide Schüler des Würzburger Malers Christoph Fesel. Auf Anraten Fesels bewerben sich die Brüder nach einem halben Jahr bei ihrem Landesherrn, dem Kurfürsten von Köln um ein Stipendium für einen Studienaufenthalt in Rom, das ihnen bewilligt wird.
1791	Anfang Mai brechen die Zwillinge zu Fuß nach Rom auf, wo sie im Sommer ankommen. Sie werden nicht Schüler einer Akademie, sondern bilden sich durch den Besuch öffentlicher Sammlungen und Künstlerateliers.
1794	Im Sommer macht Gerhard eine Fußwanderung nach Neapel, wo er sich mehrere Wochen aufhält.
1795	Wegen der französischen Besatzung des Rheinlands verzögert sich das jährliche Stipendium der Zwillinge. Eine Rückkehr in die Heimat erscheint für die jungen Künstler unsinnig. Zunächst nimmt Gerhard das Angebot seines Freundes, des Rigaer Patriziersohns Hans Schwartz an, mit ihm in seine Heimatstadt zu wandern, wo er herzlich aufgenommen wird und als Porträtmaler erfolgreich ist.
1798	Kügelgen geht nach Reval (Tallinn), wo er ebenfalls als Porträtmaler gesucht ist. Daneben gibt er der ältesten Tochter Helene Marie des Barons Wilhelm Zoege von Manteuffel Mal- und Zeichenunterricht. Da die sich bald entwickelnde Liebesbeziehung zwischen Lehrer und Schülerin aussichtslos erscheint, geht Gerhard Ende des Jahres mit seinem Zwillingsbruder, der ihm nach Riga gefolgt war, nach St. Petersburg.
1799	Beide Brüder bekommen dort schnell Kontakt zum Hof des Zaren Paul I. Im Oktober gibt Helene Maries Vater unter drei Bedingungen seine Zustimmung zur Heirat. Er verlangt, dass Gerhard ein Vermögen von 20.000 Rubeln und ein Adelsprädikat vorweisen kann und eventuelle Kinder protestantisch erzogen werden.
1800	Da Kügelgen durch die Gunst des Zaren in Petersburg schnell als Porträtmaler in Mode kommt, gelingt es ihm in kurzer Zeit den größten Teil des Vermögens zu erwerben, und er kann am 2. September Helene Marie Zoege von Manteuffel heiraten.
1801	Gerhard bleibt auch nach der Ermordung des Zaren Paul I. in der Gunst des Nachfolgers Alexander I. und malt ein Porträt des neuen Zaren, das für so ähnlich angesehen wird, dass er es mehrfach wiederholt. Geburt der ältesten Tochter Maria, die im darauffolgenden Sommer stirbt.

1802 20. November Geburt des Sohnes Wilhelm Georg Alexander. In den Jahren 1801–1803 erwirbt Kügelgen ein Vermögen von 46.000 Rubeln

1803 Anfang 1803 verlässt Kügelgen mit seiner Familie St. Petersburg und lebt für ein Jahr auf dem Gut Alt-Harm bei der Familie seiner Frau.

1804 Kügelgen reist mit seiner Familie über Riga und Berlin nach Rhens a. Rhein, um seine Mutter und Geschwister wiederzusehen. Von dort im September Reise nach Paris. Am 4. September wird er zum auswärtigen ordentlichen Mitglied der Berliner Akademie ernannt.

1805 Tod der Mutter. Im Mai lässt sich Kügelgen in Dresden nieder. Die Familie wohnt zunächst vor dem Seetor. Beginn der Freundschaft mit Caspar David Friedrich.

1806 Geburt des Sohnes Gerhard. Ernennung zum auswärtigen Mitglied der Akademie der Künste in St. Petersburg.

1808 Geburt der Tochter Adelheid. Im Herbst des Jahres zieht die Familie in das Haus „Gottessegen“ in der Dresdner Neustadt. Ab Dezember hält sich Kügelgen für 5 Wochen in Weimar auf und malt Goethe und Wieland nach der Natur und postume Porträts von Schiller und Herder.

1810 Im September kommt Goethe nach Dresden und sitzt Kügelgen erneut für eine zweite Fassung seines Porträts.

1812/13 Dresden wird von französischen, russischen und preußischen Truppen besetzt. In dem mit Frankreich verbündeten Sachsen bildet sich eine patriotische Gruppe, zu der auch Kügelgen gehört. Im August 1813 folgt Kügelgen einer Einladung seiner Schülerin Caroline Bardua und quartiert sich mit seiner Familie im Hause ihrer Eltern in Ballenstedt ein.

1814 Von Februar an lebt die Familie bei Verwandten seiner Frau in Hummelshayn bei Jena. Im Mai Rückkehr nach Dresden. Kügelgen wird zum Außerordentlichen Professor und Lehrer an der Königlichen Akademie in Dresden ernannt. Im September hält sich Kügelgen auf Einladung der Großfürstin von Sachsen-Weimar erneut in Weimar auf.

1815/16 Durch Fehlinvestitionen verliert Kügelgen die regelmäßigen Einnahmen aus seinem Vermögen. Er geht als Porträtmaler nach Berlin und bemüht sich, seinen Petersburger Erfolg zu wiederholen.

1817 Von Februar bis Juni zweiter Aufenthalt in Berlin.

1818 Ernennung zum Ordentlichen Professor der Königlichen Kunstakademie in Dresden mit festem Lehrauftrag.

1819 Anfang des Jahres macht Kügelgen eine Reise nach Bacharach und besucht die Sammlung der Brüder Broisseré in Heidelberg, um sich mit der nun in Mode gekommenen altdeutschen und niederländischen Malerei vertraut zu machen.
Er kauft einen Weinberg in Loschwitz b. Dresden. Das Weinberghaus wird umgebaut.

1820 Am 27. März wird der Maler abends auf dem Heimweg von Loschwitz nach Dresden von einem Soldaten erschlagen. Am 30. März wird er auf dem Alten katholischen Friedhof beigesetzt.

Literaturverzeichnis

St. Petersburg um 1800. Ein goldenes Zeitalter des russischen Zarenreichs, Recklinghausen 1990 (Ausstellungskatalog)

Watercolour, London 2011(Ausstellungskatalog)

Krieg und Frieden. Eine deutsche Zarin in Schloss Pawlowsk, München 2001(Ausstellungskatalog)

Ausstellung von Gemälden, Handzeichnungen, Aquarellen und Miniaturen der Maler Gerhard, Karl und Wilhelm von Kügelgen, Riga 1911 (Ausstellungskatalog)

Dresdeni ja Peterburi vahel Kunstnikest kaksivennad von Kügelgenid Between Dresden and St. Petersburg. Artist twin brothers von Kügelgen, Tallinn 2015 (Ausstellungskatalog)

„Ihre kaiserliche Hoheit Maria Pawlowna". Zarentochter am Weimarer Hof, Weimar 2004 (Ausstellungskatalog)

Becker, Wolfgang: *Paris und die deutschen Maler 1750–1840,* München 1971

Börsch-Supan, Helmut/Jähnig, Karl Wilhelm: *Caspar David Friedrich. Gemälde, Druckgraphik und bildmäßige Zeichnungen,* München 1973

Böttiger, Carl August: *Andeutungen zu vierundzwanzig Vorträgen über die Archäologie im Winter 1806,* Dresden 1806

Bose, Monika (Hrsg.): *Madame de Staël. Über Deutschland,* Frankfurt 1985

Braubach, Max (Hrsg.): *Briefe der Malerbrüder Kügelgen an den Bonner Kurator von Spiegel, 1792–1795,* in: *Rheinische Vierteljahresblätter 19,* Bonn 1954

Büsing, Leander: *Vom Versuch, Kunstwerke zweckmäßig zusammenzustellen, Dortmunder Schriften zur Kunst,* Bd. 2, Dortmund 2011

Daehner, Jens (Hrsg.): *Die Herkulanerinnen. Geschichte, Kontext und Wirkung der antiken Statuen in Dresden,* Dresden, ohne Jahr

Damm, Sigrid: *Christiane und Goethe. Eine Recherche,* Frankfurt und Leipzig 1998

Donath, Matthias: *Zur Herkunft der Familie Kügelgen,* in: *Die Kügelgens,* Lars-Arne Dannenberg, Matthias Donath und Dorothee von Kügelgen (Hrsg.), Königsbrück 2023

Franke, Willibald (Hrsg.): *Adam Heinrich Oehlenschläger. Lebenserinnerungen,* München 1925

Freund, Julius: *Drei unbekannte Porträtzeichnungen Caspar David Friedrichs von Gerhard von Kügelgen,* in: *Der Kunstwanderer,* Bd. 9/10, 1927/28 S. 246-248

Guth, Karl Maria (Hrsg.): *Helmina von Chézy, Unvergessen. Denkwürdigkeiten aus dem Leben von Helmina von Chézy. Von ihr selbst erzählt,* Berlin 2013

Hasse, Friedrich Christian August: *Das Leben Gerhards von Kügelgen nebst einigen Nachrichten aus dem Leben des königlich russischen Cabinetsmalers Karl von Kügelgen,* Leipzig 1824

von Hellermann, Dorothee: *Gerhard von Kügelgen (1772–1820). Das zeichnerische und malerische Werk,* Berlin 2001

von Hellermann, Dorothee (Hrsg.): *„Künstlerneid ist auch in Dresden nicht fremd…". Die Aufzeichnungen Karl Morgensterns zu seinem Aufenthalt in Dresden im Herbst des Jahres 1808*, in: *Jahrbuch Staatliche Kunstsammlungen Dresden,* Dresden 2001, S. 75–89

von Hellermann, Dorothee: *„Wieland, ganz wie ich ihn kannte". Gerhard von Kügelgens Vorzeichnung zum Wieland-Porträt,* in: Goethejahrbuch 2002

Kaufmann, Sylke (Hrsg.): *Goethes Malerin. Die Erinnerungen der Louise Seidler*, Berlin 2003

Kluge, Hans Joachim: *Caspar David Friedrich, Entwürfe für Grabmäler und Denkmäler,* Berlin 1993

Kovalevski, Bärbel: *Georg Friedrich Kersting (1785–1847),* Niederjahna 2023

von Kügelgen, Anna und Emma: *Helene Marie von Kügelgen, geb. Zoege von Manteuffel. Ein Lebensbild in Briefen,* Stuttgart 1922

von Kügelgen, Leo: *Gerhard von Kügelgen. Ein Malerleben um 1800 und die anderen sieben Künstler der Familie*, Stuttgart 1924

Leistner, Maria-Verena (Hrsg.): *Wilhelm Müller. Werke, Tagebücher, Briefe,* Berlin 1994

Maul, Gisela/Oppel, Margarete (Hrsg.): *Goethes Wohnhaus,* München 1996

Morgenstern, Karl: *Rafael's Marie in der Gallerie zu Dresden*, in: *Über einige Gemälde*, Dorpat 1805

Schaeffer, Emil/Görres, Jörn (Hrsg.): *Goethe. Seine äußere Erscheinung. Literarische und künstlerische Dokumente seiner Zeitgenossen*, Frankfurt 1999

von Schubert, Gotthilf Heinrich: *Der Erwerb aus einem vergangenen und die Erwartungen von einem zukünftigen Leben*, Bd. 2, Erlangen 1855

Starnes, Thomas C.: *Christoph Martin Wieland, Leben und Werk, Bd. 3, Der Dekan des deutschen Parnasses 1800–1813*, Sigmaringen 1987

Seume, Johann Gottfried: *Mein Sommer 1805*, Reprint, Darmstadt 1987

Volkmann, Ludwig: *Die Jugendfreunde des „Alten Mannes" Johann Wilhelm und Friederike Tugendreich Volkmann*, Leipzig 1925

Weldler-Steinberg, Auguste (Hrsg.): *Theodor Körners Briefwechsel mit den Seinen,* Leipzig 1910

Werner, Johannes (Hrsg.): *Wilhelm von Kügelgen, Jugenderinnerungen eines alten Mannes*, Leipzig 1924

Werner, Johannes: *Die Schwestern Bardua. Bilder aus dem Gesellschafts-Kunst- und Geistesleben der Biedermeierzeit,* aus: *Wilhelmine Barduas Aufzeichnungen,* Leipzig 1929